Henrik Baumann
Am Hufeisen 20
D-3013 Barsinghausen
Tel. 0 51 05 / 8 33 44

LA RENAISSANCE ALLEMANDE

Du même auteur

Vivre à Moscou. Des deux côtés du miroir (en collaboration avec Marie-Thérèse Vernet-Straggiotti), Éd. Rochevignes, Paris, 1984.

URSS, Coll. « Points Planète », Le Seuil, Paris, 1990.

DANIEL VERNET

LA RENAISSANCE ALLEMANDE

FLAMMARION

© Flammarion, 1992.
ISBN 2-08-066639-8
Printed in France

> L'occasion nous favorise,
> qui est l'arbitre par excellence
> de toute entreprise humaine.
> Sophocle, *Électre*.

INTRODUCTION

Ouverture du Mur, fin d'une parenthèse? Le 9 novembre 1989 un après-guerre se termine. Pour tous les Européens, c'est l'après-guerre de 1939-1945. Aussi, et peut-être surtout, pour les Allemands. Mais pour eux se clôt de surcroît un chapitre beaucoup plus long de leur histoire, un chapitre vieux de plusieurs siècles puisqu'il s'était ouvert avec... la guerre de Trente Ans!

C'est en effet à 1648 et aux traités de Westphalie que les historiens font remonter les « incertitudes allemandes [1] », la rupture avec l'histoire politique, économique, sociale, culturelle, de l'Europe, de laquelle l'Allemagne cherchera à se rapprocher, ou à laquelle, pour le plus grand malheur des Européens, elle cherchera à s'imposer. L'Allemagne divisée et ruinée qui sort de la guerre de Trente Ans dans un état « d'anarchie constituée » ne saura pendant trois siècles conjuguer unité et liberté. Jusqu'à ce jour de novembre 1989 qui ouvre la voie à l'unification des deux États allemands issus de la Seconde Guerre mondiale, scellée le 3 octobre de l'année suivante. Pour la première fois de son histoire, l'Allemagne unie est démocratique, l'unification n'est pas le résultat d'un coup de force, mais la conséquence de la volonté librement exprimée de ses citoyens.

Est-ce pour autant la fin des « incertitudes allemandes »? Cette Allemagne qui naît de la déconfiture du régime communiste à l'Est n'est pas un État triomphateur, ni enivré par sa puissance économique. C'est au contraire une nation en quête d'identité, comme si la schizophrénie politique et culturelle dans laquelle elle a vécu pendant les quarante dernières années ne s'épuisait pas dans l'unité retrouvée. L'unité dans la liberté n'a pas mis fin comme par enchantement à la peur de l'Allemagne (chez ses voisins) et (à l'intérieur) aux peurs des Allemands [2] qui se demandent plus que jamais, comme le poète Ernst Moritz Arndt au moment des guerres contre les troupes napoléoniennes : *Was ist des deutschen Vaterland?* – Qu'en est-il de la patrie allemande ? –, question qui se double depuis toujours de celle-ci : qu'attendent les autres de nous ?

Le 9 novembre 1989 en début de soirée, par la voix de Günter Schabowski, un de ces apparatchiks qui, depuis quelques semaines, flirtent avec le mouvement contestataire, les autorités communistes annoncent l'ouverture du mur de Berlin. Plus tard, il admettra que c'était une décision improvisée, prise sans consultation des Soviétiques. Incrédules ou enthousiastes, les Allemands de l'Est qui ont entendu la nouvelle à la radio se précipitent vers la porte de Brandebourg pour le cas où l'impensable serait vrai. Il l'est. Prise de panique au milieu de la foule, une Berlinoise de l'Est veut faire demi-tour à un point de passage. Un garde-frontière est-allemand qui a réappris à rire lui dit : « C'est trop tard. Derrière vous il y a des milliers de personnes. Il n'y a plus de recul possible. On ne peut aller que de l'avant [3]. »

Ce soir-là le Mur n'est qu'entrouvert, mais symboliquement sa chute date du 9 novembre. Elle n'entraîne pas seulement avec elle les quelque mille kilomètres de fil de fer barbelé, de plaques de béton, de mines, qui divisaient l'Allemagne. Le Mur était la matérialisation tardive du rideau de fer, son éradication signifie la fin de la division de l'Europe, la fin d'un monde bipolaire, de la tension Est-Ouest, de l'empire soviétique sur le Vieux Continent. La liste est suffisamment longue des bouleversements provoqués ou signifiés par l'ouverture du mur de Berlin dans une Europe façonnée depuis quarante ans par le stalinisme et ses conséquences.

Alors pourquoi évoquer la guerre de Trente Ans ? Parce que c'est à elle que remonte, explique Norbert Elias dans son livre *Sur les Allemands*, la faiblesse congénitale de l'identité allemande. C'est le traumatisme originel [4], « la catastrophe existentielle de l'Allemagne moderne sans la compréhension de laquelle la suite de l'histoire allemande n'a pas de sens [5] ». Les pays de culture allemande – la langue est à peu près leur seul dénominateur commun – sont divisés et ruinés; leur identité est brisée; les catholiques et les protestants doivent cohabiter mais cette coexistence ne crée aucune communauté nationale (les catholiques sont encore surnommés « les Espagnols »); la bourgeoisie naissante est bloquée dans son développement au moment même où se forment les autres nations d'Europe.

L'idée de nation apparaît avec les Lumières, la Révolution française et les guerres napoléoniennes. D'abord porté par l' « idéologie française », le sentiment national se forge contre l'envahisseur dont on a par ailleurs adopté les idées. « Au début était Napoléon. » L'historien allemand Thomas Nipperdey commence ainsi son histoire du XIXe siècle, qu'il fait partir de 1806 et de la dissolution par l'empereur des Français du Saint Empire romain germanique, le Ier Reich. L'année suivante Fichte prononce, dans le Berlin occupé, son *Discours à la nation allemande*. La bourgeoisie reprend le drapeau et fait la révolution de 1848 au nom de l'unité de la nation allemande – de toute la nation allemande [6] – et de la liberté. Mais cette révolution échoue. La bourgeoisie allemande se montre incapable de mener à bien la modernisation politique et culturelle, d'imposer les valeurs démocratiques.

Ainsi commence la « question allemande » qui

revêtira toujours un double aspect hérité des idéaux de nation et de liberté de la révolution ratée de 1848 : le sort de la démocratie en Allemagne, d'une part, et le problème de l'État allemand unitaire, des frontières, bref de la définition de cette nation allemande, d'autre part. Compte tenu de ces éléments, la combinaison la plus dramatique est l'existence d'un État unitaire fort avec un régime non démocratique. Cette combinaison est responsable de deux catastrophes dans ce siècle. Aussi « les questions de la démocratie et de l'existence d'un État allemand unifié ont toujours été une question européenne *par excellence* », écrit Karl Kaiser, reprenant l'expression célèbre de de Gaulle [7].

La tragédie de la bourgeoisie allemande ne tient pas seulement à son échec de 1848, c'est sa trahison ultérieure qui la marquera jusqu'en 1945. Non seulement elle a été incapable de faire triompher les idéaux qu'elle défendait, mais elle va accepter que Bismarck lui vole l'idée nationale et la réalise, avec son consentement complice, par des guerres extérieures (contre l'Autriche puis la France) et sous un régime autoritaire, dont contrite et pétrie de mauvaise conscience elle se fera le serviteur zélé.

Elle violera les principes de démocratie et de liberté avec d'autant plus de démesure qu'elle veut oublier et faire oublier qu'ils étaient les siens avant qu'elle ne s'en détourne. Et elle s'acharnera particulièrement contre les témoins pathétiques de sa trahison : les juifs allemands qui attendaient de la révolution de 1848 qu'elle les libérât [8]. En ce sens, la question juive « représentait » la question allemande. En même temps elle liait le sort des juifs à celui de la bourgeoisie et laissait entrevoir la possibilité d'une solidarité. D'autant plus que la communauté juive était « en avance » sur la société et qu'elle anticipait la modernité par sa réussite économique et culturelle. L'avenir de la révolution bourgeoise et l'émancipation des juifs étaient donc étroitement liés; la première était une condition de la seconde, dont l'échec compromettait inversement le succès de la première.

En se ralliant à l'empire autoritaire, la bourgeoisie allemande se trahit elle-même et trahit les juifs qui lui avaient confié leur destin. Après la fondation du Reich, l'antisémitisme est un des ciments de l'identité allemande, un instrument d'intégration qui rassemble les éléments géographiquement, historiquement et socialement épars du nouvel État. Celui qui ne se prononce pas pour l'antisémitisme est immédiatement catalogué comme démocrate. Aussi plus ses anciens partenaires potentiels seront en danger, plus la bourgeoisie les reniera pour faire oublier sa propre trahison. « En désignant les juifs comme l'ennemi lors de " l'insurrection de 1933 ", il s'agissait en fait d'annihiler une fois pour toutes la possibilité pour les Allemands d'accéder à la liberté et à l'égalité [9]. »

La bourgeoisie n'est plus seule en cause ; tous les Allemands sont concernés qui, sans qu'il soit question de revenir à une quelconque notion de responsabilité collective, vont porter le poids de cet échec de la classe qui, au XIXe siècle, aurait dû assurer la modernisation de la société et de la vie politique. Replacer l'Holocauste dans la continuité et les ruptures de l'histoire allemande ne revient pas à en nier le caractère unique, comme certains conservateurs ont tenté de le faire dans les années quatre-vingt en Allemagne dans la fameuse querelle des historiens aux relents révisionnistes. Au contraire : c'est de cet événement spécifiquement allemand que tous les Allemands se doivent d'assumer l'existence, comme l'a rappelé Willy Brandt, dans son discours depuis le balcon de la mairie de Schöneberg [10] à Berlin, le soir de l'ouverture du Mur.

Événement allemand, non parce que le nazisme aurait été « la pente fatale d'une hypothétique et improbable "âme allemande" » que peint le cinéaste Hans Jürgen Syberberg [11] ou parce que le national-socialisme serait l'aboutissement inéluctable du capitalisme allemand, comme le proclamaient les contestataires de 1968, mais parce que la réalisation de l'unité allemande portait en elle le reniement de son double révolutionnaire de 1848 : le rejet de la démocratie et l'extermination des témoins privilégiés de cette trahison.

La première république, celle de Weimar, ne fut qu'une parenthèse. « Démocratie sans démocrates [12] », elle succomba sous les assauts nazis après avoir subi les coups des communistes. La deuxième république, celle de Bonn, s'est installée plus durablement et, en près d'un demi-siècle, elle a trouvé, pour faire fonctionner ses institutions libérales, les démocrates qui firent défaut à la première. Mais, éternel retour de la « question allemande », en 1949, le règne de la liberté se paya d'un renoncement à l'unité. Le cauchemar ancestral des voisins de l'Allemagne – un État unitaire et autoritaire – s'éloignait ; la dictature communiste à l'Est était trop faible pour pouvoir menacer quiconque ; la démocratie à l'Ouest était trop intégrée, à la fois par intérêt et par conviction, dans le monde occidental et ses valeurs pour le vouloir. La république des citoyens que la bourgeoisie – ce n'est pas un hasard si *Bürger* désigne en allemand et le citoyen et le bourgeois – avait échoué à instaurer en 1848 prenait sa revanche, mais dans un État internationalement mineur et sur une portion seulement du territoire de l'ancienne Allemagne.

Voici une Allemagne qui n'a pas à proprement parler de fête « nationale ». La victoire de Sedan qui fut célébrée pendant un demi-siècle n'est pas présentable ; il ne reste que des défaites ou des échecs (le 17 juin 1953 : écrasement du soulèvement ouvrier de Berlin-Est). Une Allemagne qui a des problèmes avec son hymne « national ». Après une longue querelle, le président de la République fédérale Theodor Heuss et le chancelier Konrad Adenauer décident en 1952 de rétablir le *Deutschlandlied* comme hymne de l'Allemagne. Mais sa première strophe – *Deutschland, Deutschland, über alles* –, dévoyée par les nazis, est inutilisable, c'est la troisième qui doit être chantée : *Einigkeit und Recht und Freiheit...* (Unité, et droit, et liberté). Le *Deutschlandlied* est un chant révolutionnaire patriotique de 1841, écrit par Hoffmann von Fallersleben sur une musique plus ancienne de Haydn. Mais c'est la première strophe que chantèrent les spectateurs allemands, à Berne en 1956, quand leur équipe de football gagna la Coupe du monde [13]. La situation n'est guère plus simple avec le drapeau. Le tricolore – noir, or, rouge – est l'emblème de la révolution de 1848 et symbolise l'unité, la liberté et la justice. Après 1871, Bismarck propose à l'empereur une synthèse entre les traditions bourgeoise et prussienne, et le Reich adopte les couleurs noir, blanc et rouge. Après la Seconde Guerre mondiale, le drapeau tricolore est interdit par les Alliés ; il réapparaît seulement en 1949 dans la version de 1848, mais jusqu'en 1976 où les deux grands partis, social-démocrate et chrétien-démocrate, mettent les couleurs nationales sur leurs affiches électorales, les Allemands n'auront qu'une faible conscience de sa valeur symbolique [14].

Réunifiée, l'Allemagne a retrouvé une souveraineté pleine et entière. D'où la résurgence de la peur traditionnelle devant la grande puissance centre-européenne qui n'aurait plus besoin du paravent ou du marchepied de la Communauté pour jouer un rôle international. Rôle au demeurant mal défini mais qui, justement parce qu'il est imprécis, donne lieu à toutes les spéculations : voilà l'Allemagne présentée comme un pont entre l'Est et l'Ouest, comme la puissance d'une *Mitteleuropa* renaissante (version actualisée de la « dérive à l'Est » qui fit florès il y a quelques années mais qui a encore moins de sens depuis l'écroulement de l'empire soviétique) ou encore comme « caution » des républiques de l'ex-URSS en mal de créanciers occidentaux. Une Allemagne qui inquiète parce qu'on ne sait pas où elle va et parce qu'elle ne le sait pas non plus.

Une Allemagne qui étale sa puissance économique, malgré les difficultés sous-estimées de la réunification, et qui en même temps la nie, pour en conjurer les effets, comme si elle-même en avait peur [15]. Une Allemagne rêvant du confort douillet de la Suisse, hors des conflits et des peines de ce monde, – « ne rien dire, ne rien voir, ne rien entendre » –, réfugiée dans une sécurité petite-bourgeoise, manifestant « une solidarité presque fanatique avec les arbres et les animaux [16] ». Qui sommes-nous ? D'où venons-nous ? Où allons-nous ? Quand bien même la chute du Mur aurait soldé *la* question allemande, resteraient *les* questions allemandes [17].

Entre « un amour inconditionnel de la paix [18] » qui fait naître des doutes sur la volonté des Allemands de se défendre et *a fortiori* de participer à la défense de leurs alliés d'une part et l'agitation des rejetons néo-nazis dans l'Est de l'Allemagne d'autre part, cette prédilection pour les engagements extrêmes, ces coups de balancier depuis le militarisme le plus forcené jusqu'au pacifisme forcément bêlant, intriguent, font penser que les Allemands sont décidément imprévisibles.

Ils ont évidemment beau jeu de mettre leurs amis devant leurs contradictions : quand l'Allemagne fait usage de sa puissance, ses voisins ont, à juste titre, peur de sa force ; quand elle adopte une attitude modeste et réservée, les mêmes craignent une retraite sur l'Aventin du deutschemark. Elle est sujette aux critiques, qu'elle manifeste de la retenue comme pendant la crise du Golfe, ou de l'activisme, comme dans la crise yougoslave.

Cette contradiction n'est qu'apparente, estime Karl Heinz Bohrer, dans une dénonciation sans merci du « provincialisme » de la République de Bonn, « car dans la toute-puissance redoutée se reflétait l'absence d'une politique prévisible comme c'est le cas aujourd'hui dans l'impuissance devenue évidente [19] ».

Les discours lénifiants – justement – des dirigeants allemands, assurant que rien n'a changé avec la réunification, que l'ancrage à l'Ouest de l'Allemagne nouvelle n'a rien à envier à l'engagement de l'ancienne République fédérale, que les Allemands sont bien trop occupés par la reconstruction de leurs provinces orientales pour songer à faire cavalier seul dans la politique internationale en tournant le dos à l'Europe des Douze, toutes ces bonnes paroles ne suffisent pas à lever les hypothèques. Parce que, qualitativement, en retrouvant son unité, l'Allemagne est devenue une entité nouvelle, qui transcende la simple addition de la RFA et de la RDA et ne se résume pas à une simple extension de la RFA vers l'est.

En choisissant pour le processus de réunification la voie de l'article 23 de la Loi fondamentale [20], le gouvernement de Bonn a non seulement voulu faire vite, mais il a aussi cherché à éviter – sans doute à juste titre – une remise en cause globale des institutions, réclamée par une partie de la gauche et surtout par les militants des mouvements qui, en Allemagne de l'Est, étaient à l'origine de la chute du régime.

Par là même, il a refusé un débat pourtant inévitable sur l'identité nationale. Or ce débat a lieu, auquel participent des hommes politiques parmi les plus éminents et les plus respectables. La discussion autour du choix du siège des organes législatifs – Bonn ou Berlin –, tranchée le 20 juin 1991 en faveur de l'ancienne capitale de la Prusse et du Reich, a montré qu'il n'était pas possible d'en faire l'économie, même et surtout si elle signifie se colleter avec des réalités historiques parfois peu glorieuses.

Pour devenir un pays « normal », l'Allemagne doit réappréhender l'ensemble de son histoire et, quand bien même ils ne le voudraient pas, les Allemands sont rattrapés par leur passé : d'abord parce qu'ils ne peuvent échapper aux questions posées par la « première unité », celle de Bismarck, et par ses conséquences, ensuite parce que quarante-cinq ans après la chute du nazisme, ils sont confrontés *mutatis mutandis* aux mêmes interrogations par rapport à une autre dictature : qui en RDA était coupable ? Qui savait, qui ne savait pas ? Où était (est) le droit ?

L'identification manquée, à cause de l'échec de 1848, avec des institutions démocratiques et des valeurs libérales, peut trouver dans la « République de Bonn » un support autrement plus solide que sous Weimar ; l'accrochage à la culture européenne, épisodique pendant un siècle, peut être définitivement assuré dans la défense des idéaux communs aux pays de l'Europe. Bien sûr, la démocratie bonnoise est un produit d'importation, amené par les Alliés dans les fourgons de leur victoire, et c'est elle qui dans une large mesure a transmis la greffe aux Allemands de l'Est. Mais, comme l'écrit Peter Schneider, « mieux vaut une démocratie importée qu'une dictature autochtone [21] ». Et qui pourrait nier que la population d'Allemagne de l'Est a largement contribué à la chute du régime Honecker ? Certes pas uniquement pour de hautes raisons de morale politique : en s'enfuyant en masse par la Hongrie dès que le rideau de fer y fut entrouvert, les citoyens du « premier État ouvrier et paysan sur le sol allemand » étaient d'abord attirés par les néons de la société de consommation ; mais les autres, ceux qui n'étaient pas partis et ne voulaient pas partir, par leur courage, leur persévérance, ont mené à bien la « première révolution réussie de l'histoire allemande ».

Une révolution que beaucoup de ses promoteurs estiment aujourd'hui trahie, parce qu'elle n'a pas débouché sur cette Allemagne de troisième type dont ils rêvaient, quelque part entre le capitalisme de l'Ouest et le stalinisme de l'Est. Parce qu'ils voulaient en quelque sorte une société prépolitique où la solidarité de la communauté serait plus forte que le jeu des partis, rejoignant d'une certaine façon leurs frères de l'Ouest qui, pour échapper aussi aux choix de la politique et à ses déchirements, rêvent d'une société post-politique, post-traditionnelle, où la nation allemande montrerait la voie d'un nationalisme qui ne serait plus national, d'un patriotisme qui ne s'identifierait pas à une patrie réputée depuis Heine « difficile », et où l'État allemand n'aurait recouvré sa souveraineté que pour la perdre dans un ensemble plus vaste qui s'appelle Europe.

Quelle Europe ? C'est en fait toute l'incertitude de l'Allemagne, « ce pays en perpétuel devenir ».

NOTES

1. Selon l'expression de Pierre Viénot : *Incertitudes allemandes. La crise de la civilisation bourgeoise en Allemagne*, Paris, 1931.

2. Voir *L'Allemagne de Rudolf von Thadden*, notes de la Fondation Saint-Simon, Paris, 1991, et l'ouvrage collectif préparé par Ulrich Wickert, *Angst vor Deutschland*, où plusieurs intellectuels allemands avouent leur peur de l'Allemagne, Hoffmann und Campe, Hambourg, 1990.

3. Karen Margolis, *Der springende Spiegel. Begegnungen mit Frauen zwischen Oder und Elbe* (Le miroir brisé. Rencontres avec des femmes entre Oder et Elbe), Francfort-sur-le-Main, 1991.

4. Cité par Jacques Le Rider, *Retour à la normalité de la nation allemande?* dans *L'Allemagne de la division à l'unité*, sous la direction d'Henri Ménudier, Publications de l'Institut d'Allemand d'Asnières, Université de la Sorbonne nouvelle, Paris, 1991.

5. Michael Stürmer, *Das ruhelose Reich. Deutschland 1866-1918* (Un Empire agité. L'Allemagne 1866-1918), Berlin, 1983.

6. Deux conceptions s'opposent cependant : la conception « petite allemande » *(kleindeutsch)* selon laquelle l'Autriche s'est exclue d'elle-même à cause de son régime autoritaire et du fait que la majorité de sa population est composée d'autres peuples; et la conception « grande allemande » *(grossdeutsch)* qui l'inclut.

7. Karl Kaiser, *Deutschlands Vereinigung. Die internationalen Aspekte.* (L'unification de l'Allemagne. Les aspects internationaux), Bergisch-Gladbach, 1991. L'expression est employée par le général de Gaulle dans sa conférence de presse du 4 février 1965.

8. Voir à ce sujet le livre de Shulamit Volkov, directeur de l'Institut pour l'histoire allemande à l'université de Tel-Aviv : *Jüdisches Leben und Antisemitismus im 19. und 20. Jahrhundert* (La vie juive et l'antisémitisme aux XIXe et XXe siècles), C.H. Beek Verlag, Munich, 1991.

9. Christian von Krockow, *Les Allemands du XXᵉ siècle. 1890-1990. Histoire d'une identité*, préface de Roger Fauroux, Hachette, 1990. Voir Alain Finkielkraut, *La Sagesse de l'amour*, Gallimard, 1984 : « A travers les juifs, c'est la malédiction de l'altérité que les nazis ont prétendu anéantir. » Shulamit Volkov remarque pour sa part que l'antisémitisme allemand à la fin du xixᵉ siècle était plus proche de la variante française contemporaine que de celle du national-socialisme. « On peut donc voir (dans cet antisémitisme), écrit-elle, un " commencement " approximatif du national-socialisme, mais pas son explication, l'arrière-plan, mais pas la cause. »

10. Siège du Sénat (gouvernement de Berlin-Ouest).

11. Jacques Le Rider, *op. cit.*

12. Rudolf Wassermann, ancien président de l'Association des juristes sociaux-démocrates, dans le *Frankfurter Allgemeine Zeitung*, 2 juillet 1991.

13. La RDA avait le même problème avec son hymne national. Tiré d'un poème écrit par Johannes Becher, en 1942, pendant son exil en Union soviétique, il avait été adopté en 1949, mais, après 1961 et la construction du Mur, il ne put plus être chanté pour la raison que la première strophe, décidément maudite, dit : *Allemagne, notre seule patrie...*

14. Voir Berndt Guben, *Schwarz, Rot und Gold. Biographie einer Farbe* (Noir, rouge et or. Biographie des couleurs), Ullstein, Berlin, Francfort-sur-le-Main, 1991.

15. Hans Peter Schwarz, *Von der Machtbesessenheit zur Machtvergessenheit* (Des possédés du pouvoir aux oublieux du pouvoir).

16. Peter Schneider, *Die Angst der deutschen vor den Idealen* (La peur des Allemands devant les idéaux), *Frankfurter Allgemeine Zeitung*, 13 mai 1991. Ce jugement rappelle la phrase du biographe de Bismarck : « Oui, Bismarck aime les arbres plus que l'Allemagne. » Emil Ludwig, *Bismarck*, Payot, 1984.

17. Werner Weidenfeld-Karl-Rudolf Korte, *Die Deutschen. Profil einer Nation* (Les Allemands. Profil d'une nation), Klett Cotta Verlag, Stuttgart, 1991.

18. Peter Schneider, *op. cit.*

19. Karl Heinz Bohrer, *Provinzialismus*, série de quatre articles publiés de décembre 1990 à juin 1991 dans la revue *Merkur*, dont il est l'éditeur. Ces articles ont donné lieu à une polémique très vive avec Peter Glotz, député social-démocrate, ancien secrétaire général du SPD, qui a dénoncé « le nationalisme feuilletoniste », dans l'hebdomadaire *Die Zeit*.

20. La Loi fondamentale offrait deux possibilités : l'article 23, déjà utilisé lors du rattachement de la Sarre, permettait l'adhésion directe à la RFA de nouveaux *Länder*; il a été supprimé après le 3 octobre 1990 pour bien montrer que l'Allemagne n'avait pas de revendication territoriale à formuler. L'article 146 prenait acte du caractère provisoire de la Loi fondamentale et prévoyait l'élaboration d'une nouvelle Constitution ainsi que l'organisation d'un référendum.

21. Article cité.

Chapitre 1

L'ALLEMAGNE RATTRAPÉE PAR SON PASSÉ

Deux dictatures en moins d'un demi-siècle : les Allemands qui ont la malchance d'habiter une portion de territoire comprise entre l'Elbe à l'ouest et la fameuse ligne Oder-Neisse à l'est, ont connu leurs dernières élections libres en 1932 et les suivantes cinquante-huit ans plus tard, le 18 mars 1990. Entretemps, ils avaient dû subir deux régimes totalitaires, les représentants des deux forces qui s'étaient, séparément, acharnées sur la première république allemande.

Les Allemands qui se trouvaient à l'ouest de l'Elbe – « du côté ensoleillé de l'Allemagne », selon l'expression du chancelier Helmut Kohl – ont été plus heureux. Avec les cigarettes blondes, les Alliés leur ont apporté la démocratie, le fédéralisme, la séparation et l'équilibre des pouvoirs, qui ont prospéré sans soubresauts majeurs. Avec les anciens nazis, on ne fut pas toujours très regardant. Certains, qui avaient servi le régime précédent, pouvaient être des administrateurs utiles, d'autres furent sauvés au nom de l'anticommunisme. Le soutien de la RFA étant indispensable au *containment* de l'empire soviétique, il importait peu au secrétaire d'État américain Foster Dulles de savoir que Globke, nommé par Adenauer secrétaire d'État à la chancellerie, avait écrit les commentaires sur les lois raciales de Nuremberg ! Un silence embarrassé recouvrit pendant de nombreuses années les faits et gestes de tout un chacun, jusqu'à ce que, dans leur révolte de 1968, les fils demandent raison aux pères de leurs actes.

Le travail pour surmonter le passé, l'intraduisible *Vergangenheitsbewältigung* [1], ne saurait se limiter à la chasse à quelques anciens dignitaires nazis, quelques chefs ou exécutants de la Gestapo. Il implique une réflexion sur l'ensemble de l'histoire, et son acceptation. Les fils ne sont pas responsables des crimes de leurs pères mais l'Allemagne n'échappe pas aux crimes des pères, même par « la grâce de la naissance tardive » (contrairement à l'expression pour le moins maladroite du chancelier Kohl en Israël). Ce travail suppose que tous les Allemands reconnaissent dans leur héritage les taches noires de leur vie commune comme les faits héroïques ou les réussites culturelles. « On ne choisit pas son histoire, mais on peut choisir la tradition qu'il vaut la peine de cultiver [2]. »

C'est d'autant plus vrai au temps de la réunification, quand les Allemands ne voudraient retenir de leurs histoires séparées que les bons côtés. A l'Ouest, où la dénazification fut parfois négligée, ils sont fiers avec raison de s'être coulés dans les habits neufs de la démocratie que les Alliés avaient taillés pour eux. A l'Est, la négation du passé prenait une autre forme puisque le régime se voulait en quelque sorte l'héritier de la résistance au nazisme, comme appartenant au camp des vainqueurs d'Hitler. L'antifascisme officiel et obligatoire permettait de rejeter la faute sur l'Allemagne de l'Ouest ; il était fondé sur la présence, et pas seulement à la tête de l'État, d'anciens résistants ou exilés qui toléraient voire justifiaient le totalitarisme communiste par l'hostilité partagée au nazisme. Maintenant, après le retentissant fiasco du régime, on peut, pour le dénigrer, présenter le socialisme du « premier État des ouvriers et des paysans sur le sol allemand » comme une greffe artificielle, un produit d'importation soviétique.

Dans les deux cas, il s'agit d'une fuite contestable et dommageable dans l'irréalité. Tous les Allemands doivent accepter le fait que l'Allemagne nouvelle « a ses racines le 30 janvier 1933, avec sa préhistoire et ses conséquences », affirme le président de la République Richard von Weizsäcker [3]. « Cela signifie, écrit Rudolf von Thadden, que les Allemands de l'Ouest acceptent l'héritage du communisme en Allemagne de l'Est, qu'ils concèdent que le communisme n'est pas seulement un phénomène de l'histoire russe, mais aussi de l'histoire allemande [4]. » « C'est notre héritage à tous », dit aussi Peter Bender, car les Allemands de l'Est ont été formés (déformés?) par le totalitarisme plus qu'ils ne l'ont voulu, et les Allemands de l'Ouest ont eu plus affaire au régime communiste qu'ils n'en étaient conscients. « Après sa disparition, la RDA va continuer à peser sur une génération [5]. »

On ne peut pas vivre impunément pendant quarante ans dans un régime totalitaire, dont la raison d'être est justement de s'immiscer dans tous les compartiments de la vie, sans en être profondément affecté, quand bien même on se réfugierait dans un refus intériorisé. Après la révolte ouvrière de 1953 écrasée par les chars soviétiques à Berlin, la grande majorité de la population est-allemande a subi le régime ; un nombre croissant de gens ont utilisé les possibilités légales, ou illégales, au péril de leur vie, pour fuir « l'État des travailleurs » ; une minorité a résisté à l'intérieur avec les moyens du bord, risquant la prison ou – mieux ? – l'exil ; mais une autre minorité, non négligeable, a servi loyalement le système, manifestant une conviction qui ne devait pas tout à la contrainte. Il ne faut pas, a dit Wolfgang Schäuble quand il était encore ministre de l'Intérieur à Bonn, présenter la réalité de la RDA comme s'« il y avait eu 100 000 collaborateurs de la Stasi – les méchants –, quelques membres de la direction du Parti et de l'État – les très méchants – et sinon des résistants ». Le principal responsable, estime-t-il, c'est le système qui ne laissait d'autre choix aux gens que de « s'adapter ». « Celui qui avait la chance de vivre à l'Ouest ne doit pas oublier, quand il examine la question de " l'adaptation " au régime du SED, que nous aussi à l'Ouest nous nous étions habitués à ce qui était apparemment immuable [6]. » Aussi les Allemands de l'Ouest n'ont-ils aucune raison particulière de se donner bonne conscience et d'imposer une justice de vainqueurs. S'il n'avait tenu qu'à lui, Wolfgang Schäuble aurait plutôt été partisan d'une large amnistie. Tout le monde n'était pas d'accord. Parce qu'à l'Est il n'y eut pas que des compagnons de route et des pleutres. Certains ont pris des risques et les victimes demandent justice. « L'amnistie eût été une amnésie », dit Richard von Weizsäcker.

Les Allemands le refuseraient-ils que le passé referait surface dans les questions d'aujourd'hui. Ne comparons pas les horreurs respectives du nazisme et du stalinisme. Cet exercice, mené dans les années quatre-vingt par les historiens révisionnistes pendant le *Historikerstreit* (la querelle des historiens), avait pour but de relativiser les crimes d'Hitler et donc de les banaliser, de ranger dans la même catégorie des dérives totalitaires, le Goulag et l'extermination des juifs. Peter Schneider estime, de son côté, que la gauche ouest-allemande a eu tendance, pour les raisons diamétralement inverses, à sous-estimer les méfaits du stalinisme de peur d'amoindrir par une critique du communisme la condamnation du passé nazi de l'Allemagne.

Dire qu'actuellement l'Allemagne est contrainte de reprendre le travail sur son passé, à cause de l'effondrement d'une nouvelle dictature sur son sol, ce n'est pas nier le caractère unique de l'Holocauste. C'est constater que les questions qui se posent sont fondamentalement les mêmes qu'il y a quarante-cinq ans; la mesure – moindre sans doute – du problème ne change rien à son essence. « Le comportement de nombreux citoyens après le 11 octobre 1989, en RDA, fait resurgir le souvenir pénible de la situation de l'Allemagne tout entière en mai 1945, explique l'écrivain est-allemand Stefan Heym. A l'époque aussi, les compatriotes les plus malins se sont aussitôt efforcés de prendre le virage. Quant aux nazis, il n'y en avait quasiment pas eu, tout le monde avait été combattant clandestin de la résistance ou se découvrait une grand-mère juive [7]. »

Sans doute l'État d'Ulbricht et Honecker n'a-t-il provoqué ni guerre ni extermination massive. 1945 a marqué l'effondrement du Reich allemand auquel une partie considérable de la population s'était identifiée, alors que 1989 n'a été que la chute d'une couche dirigeante faillie. Sous Hitler, « l'adaptation » avait été quasi naturelle; en Allemagne de l'Est, elle fut le plus souvent forcée. Mais les questions demeurent : les coupables, où sont-ils, s'il y en a? De quel droit les juge-t-on? Est-ce que ce sont les vieillards cacochymes, qui tel Honecker cherchant refuge dans les derniers pays socialistes de la planète, attendent que la mort leur épargne une condamnation? Est-ce que ce sont les pontes de la police politique ou des services d'espionnage, contre lesquels on cherche des chefs d'accusation, tandis que la secrétaire qui, dans un ministère de Bonn, a photocopié quelques papiers confidentiels de son patron pour les passer aux services du célèbre Markus Wolf, va écoper de plusieurs années de prison? Est-ce que ce sont les jeunes Vopos qui ont tiré sur des fugitifs le long du mur de Berlin, parce qu'on leur avait appris à obéir aux ordres et qu'ils n'ont pas eu le courage de passer outre ou la maladresse de tirer à côté? Ou encore ces quelque cent cinquante mille collaborateurs occasionnels de la police politique qui faisaient des rapports sur leurs collègues, leurs amis, voire leurs conjoints?

Himmler le disait déjà : « à quelques exceptions près, dues à la faiblesse humaine », le citoyen normal s'en était tenu à l'ordre et à la bienséance, aux règles morales qu'on lui avait transmises [8]. Dans les premières années de l'après-guerre, Hanna Arendt raconte l'étonnement d'un nazi de second ordre face aux accusations du tribunal : « Il est innocent en fait. Il n'a fait qu'exécuter les ordres. Et depuis quand cela est-il illégal ? Depuis quand la rébellion est-elle une vertu [9] ? »

Parce que l'*Obrigkeit*, le principe d'autorité supérieure, faisait traditionnellement partie de l'éducation allemande, la rébellion en effet n'était pas une vertu. Ceux qui se sont rebellés contre l'ordre injuste sont trop souvent passés dans l'histoire allemande pour des traîtres.

En RFA, la droite conspua pendant des années Willy Brandt parce qu'il avait émigré au début des années trente et pris la nationalité norvégienne pendant la guerre, alors que ceux qui avaient porté l'uniforme de la SS avaient droit aux circonstances atténuantes. Edzard Reuter, président du directoire de Daimler-Benz, raconte les réticences que dut vaincre son père, Ernst Reuter, exilé en Turquie dans la période nazie, lorsque après la guerre il rentra à Berlin : « Il fallut assez longtemps pour que Reuter fût reconnu comme patriote allemand, même par ses ennemis... pour si amer que cela puisse paraître, il reste quand même vrai qu'il fallut sa lutte pour la liberté au cours du blocus de Berlin (dont il fut le premier bourgmestre. *NDA*) pour qu'Ernst Reuter devînt inattaquable. Et même alors, il y eut encore de méchantes exceptions au sein du parti qui se dit chrétien [10]. » Autre exemple significatif : l'attitude vis-à-vis des conjurés qui préparèrent l'attentat du 20 juillet 1944 contre Hitler resta longtemps très ambivalente. La « haute trahison » pouvait-elle être célébrée ? Ce groupe où les diplomates et les militaires de haut rang étaient largement représentés paya son échec et son courage. Detlef von Schwering, le fils d'un des conjurés, explique ainsi l'engagement de son père et de ses amis : « Ce qui en dernier ressort les poussa à la haute trahison fut d'un côté leur responsabilité professionnelle... et, beaucoup plus déterminante de l'autre côté, l'évidence qu'en tant que membres d'une élite traditionnelle, ils étaient porteurs d'une responsabilité particulière envers le peuple allemand [11]. »

L'attitude demeure ambiguë dans la mesure où la « redécouverte » de l'attentat du 20 juillet risque à la fois d'occulter d'autres formes de résistance et de servir de prétexte à une bonne conscience déplacée. Comme le dit l'historien Eberhard Jäckel, « le 17 juin était devenu un symbole, le 20 juillet servait d'alibi [12] ». Aussi est-il important que des responsables de la nouvelle Allemagne prennent position comme le fit Manfred Stolpe, ministre-président du nouveau *Land* de Brandebourg, lors du quarante-cinquième anniversaire de l'attentat : « Le 20 juillet a sauvé l'honneur des Allemands », a-t-il dit. Ou comme le président fédéral Richard von Weizsäcker, à la même occasion, plus clairement encore : « Les hommes et les femmes du 20 juillet ont provoqué une rupture dans notre manière de penser nos rapports à l'État, ce qui peut nous aider beaucoup pour maîtriser le passé et l'avenir [13]. »

Que disait dans les années d'après-guerre un homme politique de Bonn tombé à cause de son passé nazi : « Ce qui naguère était le droit ne peut pas être aujourd'hui contraire au droit [14] ! » Les responsables du régime est-allemand ne devraient-ils donc être jugés que s'ils ont commis des infractions au droit de la RDA tel qu'il existait avant la réunification ? Mais que vaut le droit dans un État qui précisément n'était pas un État de droit ? Ou bien le droit de la RFA qui s'applique maintenant à l'ensemble du territoire allemand a-t-il pour ainsi dire un effet rétroactif ? Sinon, des individus peuvent-ils être condamnés en fonction d'un code pénal qui n'avait pas force de loi sur le territoire où ils agissaient, au moment de leur action ? La question se complique encore quand on admet que, pendant des années, la RFA a prétendu représenter l'Allemagne tout entière et être le seul sujet allemand de droit international. Cette revendication s'est affaiblie au fil des années et le traité fondamental de 1972 entre les deux États allemands a créé une situation particulière : la RFA reconnaissait que la RDA était un État, mais ne la considérait pas comme un État étranger.

Les règles d'un État qui par nature bafouait le droit ne sauraient en tout cas être la mesure selon laquelle doivent être jugés les actes de ses représentants. « Tous les actes légaux qu'un État a décrétés en respectant formellement ses règles ne sont pas pour autant automatiquement, du seul fait qu'il les a décrétés, obligatoires pour tous... Quand un acte a ouvertement un caractère inhumain, ceux qui appliquent de telles règles ne peuvent, pour leur propre excuse, se réclamer de leur validité », écrivait Otto Kirchheimer, professeur de droit émigré aux États-Unis, en 1961, dans un livre sur la justice politique. Ce qui valait pour l'État nazi, vaut aussi pour le régime communiste est-allemand [15].

Beau sujet de dissertation pour les juristes : ils ne sont pas encore arrivés au bout du problème, en attendant sans doute le jugement de la plus haute instance judiciaire de l'Allemagne, le Tribunal constitutionnel de Karlsruhe. Ce n'est pas un problème de droit, c'est un problème politique, a déjà répondu Rudolf Augstein, le patron du *Spiegel*, qui veut faire passer « la raison avant le droit [16] ».

Que le droit le cède à la raison ne signifie pas que tous les responsables du régime est-allemand doivent échapper à une sanction. Le problème est de savoir comment séparer les bourreaux des victimes. A quoi s'ajoute le sort des milliers de fonctionnaires, de juges, de professeurs, qui n'ont ni crime ni exaction sur la conscience, mais qui ne pouvaient pas avoir obtenu leur poste sans s'être sérieusement compromis avec le Parti communiste et les organes de sécurité. Ironie de l'histoire : le premier secrétaire du parti à Erfurt a attendu plusieurs mois pour être jugé parce que le président du tribunal devant lequel il devait comparaître n'avait pas encore été déclaré « bon pour le service de l'État de droit » par la commission chargée d'examiner le *curriculum vitae* des fonctionnaires de justice ! Et ce premier secrétaire était simplement poursuivi pour « enrichissement illicite [17] ».

Quand la justice (ouest-allemande) manquait d'éléments concrets pour poursuivre des dignitaires évidemment compromis avec l'ancien régime est-allemand, « l'enrichissement » était un chef d'accusation pratique. C'est ainsi que le président (de 1966 à 1989) de la démocratie-chrétienne est-allemande, parti totalement inféodé au SED, qui était également l'adjoint d'Honecker au Conseil d'État de Berlin-Est, a été condamné à dix-huit mois de prison avec sursis pour « malversation ». C'est aussi pour « enrichissement » qu'un mandat a été lancé contre Honecker avant qu'on ne l'accuse d'avoir été à l'origine de l'ordre de tirer sur les fugitifs le long de la frontière interallemande.

Cette CDU est-allemande est d'ailleurs une épine douloureuse dans le pied d'Helmut Kohl. Avant la réunification, le parti du chancelier n'avait aucun contact avec ce faux frère de l'Est, car depuis l'épuration menée par les Soviétiques dans les rangs chrétiens-démocrates, la CDU-Est n'était, comme le Parti libéral ou le Parti paysan, qu'une formation croupion, destinée à entretenir la fiction du multipartisme. Les seuls représentants officiellement reconnus par les descendants de Konrad Adenauer étaient la « CDU en exil », dont l'importance était limitée.

Après la chute du régime Honecker, Helmut Kohl a dû chercher à l'Est un parti et des troupes pour mener la bataille électorale de la réunification ; il les trouva dans la CDU-Est, dont les membres furent pour les besoins de la cause lavés de tout soupçon de collaboration avec les communistes. S'ils avaient applaudi le régime, c'était par peur de la répression. « La CDU-Est était certes corrompue au niveau de sa direction, mais à sa base elle consistait pour les trois quarts en des membres qui auraient pu être à la CDU à l'Ouest », écrit à ce sujet Wolfgang Schäuble, dans son livre sur le processus de réunification [18]. C'est une vue optimiste, car plusieurs anciens dirigeants locaux de la CDU-Est qui avaient retrouvé leurs fonctions dans la nouvelle démocratie-chrétienne les ont perdues après avoir été convaincus de collaboration avec la Stasi, la police politique de Berlin-Est. Un ministre chrétien-démocrate dans un nouveau *Land* a reconnu avoir commis une « erreur » en allant faire le clown dans les fêtes de la Stasi.

Au congrès de toute la CDU, en décembre 1991 à Dresde, la question de la coopération entre la CDU-Est et le parti communiste a de nouveau été posée. Helmut Kohl a proposé de ne pas confondre les Allemands de l'Est qui étaient entrés pour des raisons honorables dans la CDU-Est et ceux qui y avaient adhéré pour faire carrière. C'est sans doute une distinction judicieuse, mais difficile à mettre en pratique. L'intervention d'un vieux délégué qui raconta sa propre histoire montra assez clairement l'inanité des règles théoriques. Quand, en 1947, Gerold Hofmann rentra de captivité chez les Américains, son père avait déjà été emmené dans un camp de travail soviétique où il devait mourir. Alors il adhéra à une organisation de résistance contre le régime communiste, fut arrêté et condamné à dix ans de prison. A sa sortie, il demanda à entrer à la CDU (Est) qui le dénonça immédiatement à la Stasi. Quatre ans plus tard, il fit une nouvelle tentative et fut rejeté comme « criminel ». Après la chute du régime Honecker, il se refusa, dit-il, à demander une troisième fois son adhésion car il aurait eu pour interlocuteurs ces mêmes fonctionnaires du parti chrétien-démocrate qui l'avaient traité de « criminel » quelques années auparavant parce qu'il ne soutenait pas le système communiste.

Le sociaux-démocrates n'ont pas le même problème collectif, non pour la raison qu'ils seraient fondamentalement plus vertueux, mais parce que, en Allemagne de l'Est, ce parti a été totalement liquidé en avril 1946 lors de la fusion forcée avec le Parti communiste, qui devait donner naissance au SED (*Sozialistische Einheitspartei Deutschland*, Parti socialiste unifié d'Allemagne). Le SPD a dû être reconstruit de fond en comble à l'automne 1989, mais n'a pas échappé aux crises individuelles. Le premier président du Parti social-démocrate d'Allemagne de l'Est, Ibrahim Böhme, a été contraint de démissionner pour avoir été soupçonné d'être un ancien informateur de la Stasi, et d'autres militants plus ou moins en vue se sont trouvés dans le même cas.

Le gouvernement de Bonn a eu beaucoup de mal à définir les critères qui permettent ou interdisent aux anciens responsables de retrouver un poste dans le service public. Une fois les critères précisés, encore faut-il trouver un moyen de les appliquer. Le terme « commission d'épuration » est banni, mais des « commissions de spécialistes » enquêtent pour savoir si tel juge peut désormais prononcer des verdicts au nom de l'État de droit, si tel professeur, particulièrement pour les sciences humaines, a d'autres qualifications qu'une excellente mémoire de la vulgate marxiste-léniniste, si tel diplomate peut représenter l'Allemagne démocratique après avoir défendu les intérêts de « l'État des travailleurs et des paysans [19] ». Les plus anciens ont été généralement mis à la retraite ; les plus jeunes sont invités à se recycler. C'est ainsi que le dernier représentant à Paris de la RDA – après la chute du régime Honecker –, un pasteur comme son ministre des Affaires étrangères, a pu suivre les cours de l'École diplomatique de Bonn et s'est retrouvé premier secrétaire de la RFA après avoir eu le rang d'ambassadeur de la RDA...

Plus on s'élevait dans la hiérarchie d'une administration, quelle qu'elle fût, plus le nombre de membres du parti était important, certaines fonctions étant réservées aux communistes. Jacques Le Rider cite l'exemple de l'université Karl Marx de

Leipzig où la proportion d'adhérents du SED était de 41 % chez les assistants mais de 80 % chez les professeurs titulaires [20]. Comment faire le partage entre les convaincus honnêtes, les collabos honteux, les *Mitlaüfer* opportunistes, les cyniques utilitaires ?

Certains qui occupèrent des postes officiels dans la nomenklatura de Berlin-Est, mais qui servirent d'intermédiaires discrets entre l'Est et l'Ouest, se sont tranquillement établis en Allemagne de l'Ouest. Le cas le plus célèbre est celui d'Alexandre Schalck-Golodkowski, surnommé le « pourvoyeur de devises » de la RDA. Vice-ministre du Commerce extérieur, il dirigeait depuis 1966 la Coordination commerciale *(Kommerzielle Koordinierung* ou *Ko-Ko)* qui était chargée officiellement de contrôler le commerce extérieur de la RDA, de faire des affaires avec la RFA et les autres pays occidentaux et de fournir ainsi des devises à l'État est-allemand qui en manquait cruellement. Le titre de sa thèse de doctorat est tout un programme : *Utilisation du potentiel économique de l'ennemi*[21]. Il s'occupait aussi de ventes d'armes à l'Est et éventuellement de trafics d'armes à l'Ouest.

Schalck-Golodkowski supervisait par exemple le *Kirchengeschäft A* (commerce ecclésiastique), nom de code pour la fourniture à la RDA par les Églises d'Allemagne de l'Ouest de matières premières qui lui manquaient. Les Églises achetaient les marchandises à l'Ouest et, en contrepartie des livraisons, l'État est-allemand remettait à ses propres Églises des marks-est (avec une petite bonification) et, plus tard, des valuta-marks (pseudo-devises qui permettaient de fréquenter les magasins pour privilégiés). C'est ainsi que les Églises de RDA, en particulier l'Église évangélique, ont reçu pendant plus de trente ans quelque 4 milliards de deutschemarks.

Les Églises ont commencé aussi discrètement, après la construction du mur de Berlin, à payer Berlin-Est pour la libération de dissidents. C'était le département *Kirchengeschäft B* qui s'en occupait à l'Est. Au début, les autorités communistes demandaient trois wagons de chaux par détenu autorisé à se réfugier à l'Ouest. Après 1964, le gouvernement fédéral prit lui-même en charge les opérations [22].

Mais « Schalck » ne s'occupait pas seulement de *business* « humanitaire ». C'était un grand ami de Franz Josef Strauss, avec qui il n'hésitait pas à négocier les crédits que la RFA accordait, toujours pour des raisons « humanitaires », à la RDA. Strauss, qui avait été ministre des Finances, était dans ses dernières années « seulement » ministre-président de Bavière, mais il restait le patron incontesté de l'Union chrétienne sociale bavaroise, le parti frère de la CDU, et son influence était encore très grande à Bonn, bien que ses relations avec Helmut Kohl aient été des plus fraîches.

En 1983, des observateurs ouest-allemands et les amis politiques de Strauss s'étaient étonnés du fait que le « taureau de Bavière », comme on le surnommait, connu pour son anticommunisme, se fût vigoureusement engagé en faveur de l'octroi par Bonn à Berlin-Est d'un crédit d'un milliard de deutschemarks auquel s'opposait la droite chrétienne-démocrate. Mais même ses adversaires avaient admiré alors le *Realpolitiker* qui fait passer les intérêts supérieurs de ses concitoyens de l'Est avant ses convictions politiques. La contrepartie au crédit – de maigres allégements dans les possibilités de voyage des Allemands de l'Est – était bien apparue un peu mince, mais l'engagement de Strauss avait été salué.

Tout en discutant du crédit avec Schalck-Golodkowski, Franz Josef Strauss s'était laissé aller à quelques confidences sur les capacités politiques de son ami Helmut Kohl, « plutôt pleutre et petit-bourgeois ». C'était en pleine bagarre Est-Ouest sur le déploiement des missiles de croisière et des Pershing, en réponse aux SS 20 soviétiques, et Strauss avait ajouté que Kohl était opposé à ce que la Bundeswehr dispose d'armes nucléaires. « Schalck », qui ne travaillait pas seulement pour le commerce extérieur, s'empressa d'aller raconter son entretien avec Strauss – a-t-on appris depuis l'ouverture des archives est-allemandes – à son ami Mielke, patron de la Stasi.

Plus troublant encore, les rencontres entre Strauss et le pourvoyeur de devises avaient lieu régulièrement dans la résidence secondaire du propriétaire d'une boucherie industrielle de Bavière qui a été soupçonné d'avoir tiré de larges profits de l'union monétaire entre les deux États allemands, le 1er juillet 1990, en jouant sur la suppression des droits de douane entre la RDA et la Communauté européenne.

Quand, en 1987, le SPD eut l'idée saugrenue de signer un texte idéologique commun avec le SED, sous prétexte d'encourager les « forces réformistes » au sein de ce parti, la droite dénonça la complicité de « tous les socialistes », qu'ils soient sociaux-démocrates ou communistes. Pendant ce temps, des hommes d'affaires pas trop éloignés d'elle faisaient du commerce avec les nomenklaturistes est-allemands qui en tiraient profit de leur côté, pas toujours pour s'enrichir, mais au moins pour jouir d'un niveau de vie interdit à leurs compatriotes.

Le regard jeté sur ce passé ne doit certainement pas conduire à une chasse aux sorcières, où les Allemands de l'Ouest, occupant la place des vainqueurs de 1945 seraient les procureurs d'une population est-allemande en position d'accusée. « De toute évidence des fils d'Hitler cherchent à venger les fautes de leurs pères sur les valets de Staline », dit l'écrivain Gerhard Zwerenz. Ce n'est pas si simple. Les Allemands de l'Est sont les premiers à exiger que les responsabilités des uns et des autres soient établies, alors que les Allemands de l'Ouest seraient plus prompts à passer à l'ordre du jour. Les premiers regrettent la lenteur des procédures : « Nous attendions la justice, nous avons eu l'État de droit », déplore Bärbel Bohley, fondatrice de *Neues Forum*, premier mouvement contestataire en 1989. L'appareil judiciaire de cet État de droit est lent, lourd, surchargé, mais il garantit aux accusés la présomption d'innocence; et il est bien qu'il en soit ainsi, alors que, depuis le début 1992, les archives de la police politique sont ouvertes aux citoyens qui étaient fichés et aux chercheurs. Des centaines de kilomètres de dossiers vont permettre à des millions de victimes de savoir ce que la Stasi, grâce à 90 000 permanents et deux fois plus de « bénévoles », avait amassé sur elles. Cet accès aux archives ne doit toutefois pas déboucher sur la vengeance individuelle.

Dans cette remontée du passé à la surface, c'est peut-être l'aspect le plus difficile, le plus diffus et le plus dangereux par les risques qu'il comporte de dénonciations et de suspicion. L'organisme qui « gère » les archives de la Stasi est dirigé par un ancien pasteur de Rostock, en Allemagne de l'Est, Joachim Gauck. Celui-ci est accusé par d'anciens intellectuels « contestataires » de RDA de développer une forme de maccarthysme. Certains ont peur de retrouver leurs noms dans les dossiers, dans la colonne « informateurs de la Stasi », d'autres craignent que la suspicion ne soit jetée sur des personnalités qui passaient jusqu'à maintenant pour irréprochables. Or « personne n'a une veste vraiment blanche », si l'on en croit le chef d'orchestre de Leipzig Kurt Mazur, une figure de proue de la « révolution » de 1989 [23]. Wolf Biermann, le chanteur compositeur expulsé de RDA en 1976 à cause de ses textes « subversifs », est dénoncé comme le « grand inquisiteur » par Günter Grass parce qu'il a mis en cause la responsabilité de Sacha Anderson, un jeune chanteur de Prenzlauerberg, le Saint-Germain-des-Prés de Berlin-Est, qui renseignait la Stasi sur les opposants qu'il fréquentait. Anderson s'est défendu en affirmant qu'il n'avait rien dit à la police qu'elle ne sache déjà et que, ainsi, il avait la paix pour poursuivre son œuvre de contestataire [24]...

Comment ne pas faire payer les lampistes pour les

responsables, sans pour autant se servir de quelques dignitaires de l'ancien régime est-allemand comme de boucs émissaires, victimes expiatoires des erreurs des uns ou de la lâcheté de tous? Le précédent du rapport au nazisme, de la tentative d'oubli des premières années de la République fédérale, et le retour du passé à la fin des années soixante sous les interrogations parfois violentes des héritiers, montrent qu'il serait à long terme dangereux de tirer un trait sur le totalitarisme est-allemand, comme si une nouvelle « année zéro » commençait avec la réunification.

Il n'y a pas de solution miracle. La « maîtrise du passé » n'est pas une affaire de code pénal, ni de tribunal style tribunal Russel à propos du Viêt-nam dans les années soixante, que certains ont proposé. Il n'y a qu'un cheminement douloureux qui puisse permettre aux citoyens de l'Allemagne réunifiée d'assumer leur histoire dans leurs nouvelles formes de vie démocratique, sans que pèsent sur leur deuxième unité les hypothèques qui les firent sombrer – et le monde avec eux – dans la tragédie.

NOTES

1. Littéralement « maîtrise du passé ».
2. Hans Wallow, *Wir brauchen keine Stärkekult* (Nous n'avons besoin d'aucun culte de la force), dans *Die Zeit*, 16 août 1991.
3. Discours pour la remise du prix Heine, 13 décembre 1991.
4. *L'Allemagne de...*, *op. cit.*
5. Article de Peter Bender dans la revue *Merkur*, avril 1991, cité par *Frankfurter Allgemeine Zeitung*, 22 mai 1991.
6. Wolfgang Schäuble, discours à l'occasion du trentième anniversaire du mur de Berlin, dans le *Frankfurter Allgemeine Zeitung*, 14 août 1991. Wolfgang Schäuble est depuis novembre 1991 président du groupe chrétien-démocrate au Bundestag.
7. Stefan Heym, *Chronique d'un automne allemand*, cité par Jacques Le Rider, *op. cit.*
8. Christian von Krockow, *op. cit.*
9. *Ibidem*.
10. Edzard Reuter, *Vom Geist der Wirtschaft, Europa zwischen Technokraten und Mythokraten* (De l'esprit de l'économie. L'Europe entre les technocrates et les mythocrates), Stuttgart, 1986. Cité par Fritz Stern, *Rêves et illusions, le drame de l'histoire allemande*, Albin Michel, 1989.
11. Detlef Graf von Schwering, *Dann sind's die besten Köpfe, die man henkt. Die junge Generation im deutschen Widerstand* (En ce cas ce sont les meilleures têtes que l'on pend. La jeune génération dans la résistance allemande), Munich, 1991. Cité dans *Die Zeit*, 19 juillet 1991.
12. *Der Spiegel*, 23 décembre 1991.
13. *Frankfurter Allgemeine Zeitung*, 22 juillet 1991.
14. Il s'agit de Hans Karl Filbinger qui dut quitter son poste de ministre-président de Bade-Wurtemberg en 1978 après que ses activités comme juge de la Reichsmarine nazie eurent été découvertes.
15. Cité par *Die Zeit*, 19 juillet 1991.

16. *Der Spiegel*, 1ᵉʳ juillet 1991. Pour les besoins de sa démonstration, Rudolf Augstein compare l'attitude des garde-frontières est-allemands à celle des soldats américains qui sont intervenus au Panama et qui ont poussé le pays dans une catastrophe encore plus profonde : « Ils ont suivi les ordres. »

17. *Frankfurter Allgemeine Zeitung*, 5 août 1991.

18. *Der Spiegel*, 15 juillet 1991.

19. Par exemple, dans le Brandebourg, il y avait 294 juges au moment de l'unification. 242 se sont portés candidats pour continuer à exercer leur métier; la moitié a été admise à effectuer une période d'essai.

20. Jacques Le Rider dans *L'Allemagne de la division à l'unité*, op. cit.

21. *Süddeutsche Zeitung*, 16 août 1991.

22. Ludwig Geissel, *Unterhändler der Menschlichkeit* (Négociateur de l'humanité), Quell Verlag, 1991. Cité par *Süddeutsche Zeitung*, 27 juillet 1991. Ancien vice-président du diaconat de l'Église évangélique allemande, Ludwig Geissel a participé à ces négociations dont le succès était fondé sur la discrétion; une dizaine de personnes seulement, dit-il, étaient au courant du *Kirchengeschäft B*. Voir aussi Michel Meyer, *Des hommes contre des marks*, Stock, 1977.

23. Entretien avec *Die Welt*, 12 novembre 1991.

24. A propos du nazisme, Eugen Kogon, auteur de *L'État-SS*, qui fut lui-même envoyé dans un camp de concentration, reconnaissait le « droit à l'erreur » aux citoyens d'un État totalitaire.

Chapitre 2

LES AVATARS DE L'UNITÉ

Tombé des mains de la bourgeoisie en 1848, le drapeau de l'unité allemande est repris par les représentants de l'ancien système, les féodaux, contre lesquels les révolutionnaires du Parlement de Francfort avaient lutté en vain, mais qui « réalisent la tradition nationale de la Paulskirche [1] ». Pour son malheur et pour le nôtre, la première unification de l'Allemagne se réalise en 1871 sous la houlette de la Prusse, par le chancelier Bismarck qui a vaincu tour à tour l'Autriche en 1866 et la France. Un célèbre commentateur allemand rappelait à la fin de 1991, avec un grand sens de l'opportunité, que dans cette affaire la Russie ne s'était pas contentée de rester neutre mais qu'elle avait envoyé une armée de 400 000 hommes en Galicie, à la frontière avec l'Autriche-Hongrie, pour décourager Vienne de tenter toute alliance avec Paris. « Jadis comme aujourd'hui, ajoutait-il, l'unité de l'Allemagne n'aurait pas été possible sans le soutien de Saint-Pétersbourg et de Moscou [2]. »

La comparaison s'arrête là. La deuxième unité allemande, celle de 1989, ne marque pas le triomphe tardif d'un régime autoritaire sur une révolution avortée; elle est la conséquence immédiate d'une révolution réussie contre un système totalitaire. Elle ne se fait pas sur le dos des voisins; elle est le résultat de leur accord. Si Bismarck annonce l'unité de l'Allemagne et proclame l'Empire dans la Galerie des Glaces du château de Versailles, c'est en vainqueur qu'il s'est installé en terre étrangère. Si le traité permettant la deuxième unité allemande est définitivement signé dans la salle Saint-Georges à Moscou, le 12 septembre 1990, c'est le signe de l'entente retrouvée entre les vainqueurs, naguère divisés, du IIIe Reich!

L'Allemagne de 1990 n'est plus géographiquement celle de 1871; elle n'est même plus l'Allemagne dont parlaient encore les accords d'après la Seconde Guerre mondiale, celle des frontières de 1937, avant l'Anschluss et l'invasion des Sudètes. C'est une nation réunie, mais dans des frontières resserrées, qui a perdu la Prusse orientale et les territoires à l'est de l'Oder-Neisse, un peuple plus que jamais « sans espace », pour reprendre l'expression d'Hans Grimm, à la fin des années vingt[3]. Sans doute la démographie allemande – surtout à l'Ouest – ne saurait justifier un quelconque *Drang nach Osten* (poussée vers l'Est). Mais l'afflux de réfugiés d'origine allemande ou prétendus tels, venant de toute l'Europe de l'Est, y compris de l'ex-URSS, un véritable *Drang nach Westen*, peut à plus ou moins brève échéance poser de sérieux problèmes spatiaux aux autorités.

Cette observation ne saurait évidemment justifier *a priori* un quelconque irrédentisme. Personne ne songe à remettre en question les frontières de la nouvelle Allemagne, que le gouvernement de Bonn a solennellement reconnues comme définitives dès le lendemain de l'unification. Les cartes que l'on voyait encore dans certains bureaux dans les années soixante avec cette inscription: *L'Allemagne divisée en trois*, ont depuis longtemps disparu et seuls quelques conservateurs attardés parlent de « l'Allemagne centrale » quand ils veulent désigner l'ancienne RDA, réservant le terme Allemagne de l'Est pour la Silésie et la Prusse orientale.

La reconnaissance des réalités territoriales n'empêche pas de constater que si l'Allemagne est plus puissante que jamais économiquement, quelles que soient les difficultés provoquées par la reconstruction des nouveaux *Länder*, elle est géographiquement réduite. Et militairement limitée, puisqu'elle a accepté, en contrepartie du libre choix de ses alliances – en clair son maintien dans l'OTAN – de plafonner à 370 000 hommes les effectifs de son armée (contre 497 000 pour la Bundeswehr et 264 500 pour la Nationale Volksarmee, l'armée nationale populaire de RDA, avant la réunification).

On ne risque pas de connaître de sitôt la situation qui prévalait après 1870 quand le jour le plus célébré était un succès militaire allemand, mais une défaite française : « Le jour de la victoire de Sedan est resté pendant cinquante ans la fête nationale allemande, avec ses défilés, ses drapeaux, ses fêtes scolaires, ses discours patriotiques et son allégresse générale », écrit Sebastian Haffner, ajoutant que ce fut « la seule véritable fête nationale que l'Allemagne ait jamais connue [4] ».

Compte tenu de toutes les différences, la seconde unité allemande ne saurait ressembler à la première, de même que la deuxième république allemande n'a que peu de traits communs avec la première. Le Reich bismarckien était frappé d'une « double fatalité ». D'une part, il était trop grand et trop puissant pour s'intégrer dans l'équilibre européen, mais il était trop petit pour dominer l'Europe. D'autre part, il a « voulu fonder l'identité d'une nation sur la domination et sur la hiérarchie plutôt que sur la liberté et l'égalité [5] », agissant ainsi à contre-courant de la civilisation européenne.

C'est exactement le contraire qui s'est produit en 1989-1990 mais il n'en demeure pas moins que cette unité bismarckienne a laissé sa trace et qu'il ne sert à rien de faire comme si la seule histoire allemande acceptable parce qu'honorable s'était arrêtée avant 1870 pour reprendre après 1945. La réalisation de l'unité dans l'empire et les dérives ultérieures montrent les écueils que l'Allemagne doit éviter afin de ne pas accréditer l'idée, fausse, que l'unité allemande est en soi – et non selon ses conditions d'apparition – porteuse de tragédie.

Vaincue en 1848, la bourgeoisie allemande se rallie à l'empire [6]. Elle se battait pour l'idée nationale et pour la liberté, qui sont des idées neuves dans les pays germaniques en cette première moitié du XIXe siècle. Bismarck reprend la première ; elle s'en contentera. Qu'il bafoue la seconde, elle s'en accommodera, montrant même un zèle meurtrier à épouser les valeurs de l'aristocratie. C'est ce qu'on appelle la « féodalisation » de la bourgeoisie [7]. Elle copie les mœurs des nobles, notamment le duel qui subsiste encore dans certaines corporations d'étudiants [8] ; elle entre au service de l'État, qui est à la fin du siècle le moteur du développement économique, contrairement à ce qui se passe en France ou en Angleterre où le capitalisme est l'affaire d'entrepreneurs et non de fonctionnaires. Elle y trouve la sécurité – qui deviendra un maître mot des ambitions de l'Allemand – et le prestige. Le statut qu'elle n'a pas de naissance, contrairement à l'aristocratie, elle l'obtient par la *Bildung*, pauvrement traduit par formation, car il ne s'agit pas seulement de connaissances mais de l'apprentissage de tout un mode de vie. Cette « éducation de soi » permet à l'Allemand d'atteindre à la culture et à l'humanité ; qu'on soit aristocrate ou non, elle compte plus que les titres, pour l'évolution de cette classe de fonctionnaires qui, selon Hegel, devait constituer la classe universelle à la place de la noblesse [9].

« La bourgeoisie façonnait un État dans lequel pourtant elle ne se reconnaissait pas. L'ascension sociale et l'accès à un certain type de formation se faisaient donc au prix de l'aliénation de la conscience et de la perte de l'identité. Ainsi la notion typiquement allemande de citoyen de l'État est indissociable du concept d'aliénation et de fausse identité », écrit Christian von Krockow pour décrire la perte d'identité de ces Allemands du XXe siècle [10].

Le bourgeois ne peut être un citoyen : « Avec le meilleur de moi-même j'ai toujours été un animal politique, écrivait en 1899 l'historien libéral Theodor Mommsen, et je souhaitais être un citoyen. Ce n'est pas possible dans notre Nation [11]. »

Si la bourgeoisie ne peut vraiment s'identifier à cet État impérial construit sur les ruines de ses espoirs sans perdre sa propre identité, la classe ouvrière, réprimée par l'appareil d'État impérial, ne peut pas davantage trouver dans cette Allemagne le lieu de son identification. Dénoncés par Bismarck comme les *Vaterlandslosen Gesellen*, les types apatrides, les travailleurs trouvent leur patrie dans la social-démocratie qui crée au-delà de l'organisation politique *stricto sensu* une véritable contre-société, avec ses clubs de jeunes, ses fanfares, ses groupes de gymnastique, de lecture, de randonnée, ses assurances, ses caisses de retraite, etc. Un ouvrier social-démocrate pouvait n'avoir, de sa naissance à sa mort, d'autre rapport avec l'État qu'avec la police de celui-ci ; sinon il pouvait être pris en charge par le parti et ses appendices.

D'autre part, la social-démocratie oppose au patriotisme militariste de l'empire un internationalisme, ou un patriotisme cosmopolite, qui lui aussi va à l'encontre de la formation d'une identité nationale et d'une identification des Allemands à un État. La majorité du mouvement se ralliera à l'effort de guerre en août 1914, elle le fera toutefois avec une mauvaise conscience telle qu'il ne pouvait pas en naître un patriotisme allemand. La situation ne s'arrangera pas avec la République de Weimar, congénitalement faible, dénoncée par la droite comme une invention étrangère – « un coup de poignard dans le dos de l'Allemagne » – et par l'extrême-gauche comme une trahison de la révolution.

La période nazie sera peut-être le temps où l'identification sera la plus forte, pour tous les Allemands sans distinction de classe, une identification orchestrée par le NSDAP dans des cérémonies censées faire revivre l'âme allemande; mais après 1945 la référence fut bannie et tout devait recommencer à zéro, sauf peut-être, et le paradoxe n'est qu'apparent, pour ceux qui avaient résisté au nazisme, au nom d'une autre idée de l'Allemagne, tout particulièrement pour les émigrés qui avaient besoin d'une image de leur pays pour soutenir leur combat. Certains rentreront dans la partie orientale de l'Allemagne, attirés par la bannière de l'antifascisme officiel.

Ainsi pourrait s'expliquer que Willy Brandt ait été un des premiers hommes politiques allemands à comprendre en 1989 l'aspiration à l'unité de ses concitoyens de l'Ouest et surtout de l'Est alors que tout le monde, et plus particulièrement à gauche, passait à côté de la signification historique du mouvement qui se produisait en RDA. « Lui, l'émigré, qui avait quitté l'Allemagne en 1933, était le seul à être convaincu que l'unité allemande viendrait plus vite qu'on ne le croyait (...) Quand on a été résistant allemand à l'extérieur de l'Allemagne, luttant contre l'Allemagne nazie, on a forcément besoin, pour vivre, de se construire une Allemagne magnifiée [12]. » *A contrario*, on pourrait dire que les Allemands qui avaient collaboré ou assisté passivement aux crimes des nazis avaient besoin de détruire l'image d'une Allemagne qui leur rappelait leur lâcheté.

Cette Allemagne unie qui avait été impliquée dans deux catastrophes mondiales et qui avait été à l'origine de l'une d'elles au moins, il fallait en 1945 la briser. Les Alliés d'alors, qui ne devaient pas le rester longtemps, s'y emploient. Le Grand Reich est d'abord dépecé, puis divisé en zones d'occupation, puis en deux morceaux dont l'un, à l'Ouest, sera découpé en Länder pour mettre un point final à l'État unitaire.

Confrontée à son problème traditionnel, la liberté ou l'unité, la bourgeoisie allemande, dans sa composante catholique et rhénane, choisit la première au prix du sacrifice de la seconde. L'unité reste en principe l'objectif fondamental des dirigeants de la République fédérale ; il est inscrit dans la Constitution et les trois alliés occidentaux la reconnaissent comme un but commun avec leur nouvel ami d'outre-Rhin quand, dans les accords de Paris de 1954, ils acceptent son réarmement. Leur objectif est « une Allemagne réunifiée, dotée d'une Constitution libérale et démocratique, telle celle de la République fédérale, et intégrée dans la Communauté européenne ». Deux ans auparavant, pour tenter d'empêcher le réarmement de la RFA, Staline, dans une célèbre note, avait proposé à Konrad Adenauer la réunification de l'Allemagne en échange de sa neutralisation. Mais celui que les sociaux-démocrates avaient affublé du surnom qu'ils voulaient péjoratif de « chancelier des Alliés » n'y avait pas prêté une grande attention, à l'instar d'ailleurs des puissances occidentales. Une fois encore, le choix de la liberté l'emportait sur l'unité.

Adenauer affirmait en même temps qu'il n'y avait pas contradiction entre l'ancrage à l'Ouest de la République fédérale qui, jusqu'à la fin des années soixante, revendiqua la représentation de « l'Allemagne dans son ensemble » et l'objectif à long terme de l'unité nationale. Il prétendait même que le premier était la condition de la seconde. Dans les premières années de l'après-guerre, la social-démocratie en la personne de son chef Kurt Schumacher ne dit pas autre chose : « En termes de *Realpolitik*, du point de vue allemand, il n'existe pas d'autres voies vers l'unité que celle qui consiste à faire de l'Ouest cet aimant économique, qui devra exercer sur l'Est une force d'attraction si grande qu'à la longue la seule détention du pouvoir ne constituera plus un moyen suffisamment sûr pour y faire contrepoids [13]. » Plus tard, le SPD contestera la politique du chancelier chrétien-démocrate. Pourtant les Allemands de l'Ouest, *volens nolens*, faisaient le même choix. Aux élections de 1953, le Parti panallemand emmené par Gustav Heinemann, qui avait quitté la CDU pour protester contre la politique unilatéralement orientée à l'Ouest du chancelier Adenauer, obtint un pourcentage minime des voix. Les sociaux-démocrates se rallièrent de nouveau à la thèse de l'intégration occidentale au congrès de Bad-Godesberg [14].

La controverse rebondit à propos de l'*Ostpolitik* commencée dans la deuxième moitié des années soixante par Willy Brandt, alors ministre des Affaires étrangères de la « grande coalition » (avec la démocratie-chrétienne), mais développée surtout après la victoire électorale de la coalition libérale-socialiste en 1969. La question qui se pose est de savoir si la politique à l'Est, en conduisant à une reconnaissance des réalités d'après-guerre, donc à une reconnaissance *de facto* de l'existence d'un deuxième État allemand, équivalait à une consécration de la division de l'Allemagne. Ce fut la thèse officielle de la démocratie-chrétienne jusqu'à l'arrivée au pouvoir d'Helmut Kohl, mais les partisans de l'*Ostpolitik* affirmaient que Willy Brandt n'avait rien cédé qui n'ait été déjà perdu.

D'autre part, le « changement par le rapprochement », selon l'expression d'Egon Bahr – alors conseiller de Willy Brandt –, avait pour double fonction, premièrement, d'apporter des allégements dans les conditions de vie des Allemands de l'Est et dans les relations entre les Allemands des deux côtés du Mur – « rendre la division plus supportable » –, deuxièmement, de détendre la situation en Europe entre les deux blocs, condition *sine qua non* d'un rapprochement et d'une coopération entre les deux États. D'ailleurs l'*Ostpolitik* était rendue nécessaire par « le soutien conditionnel et décroissant » que les alliés occidentaux apportaient aux objectifs officiels de la politique traditionnelle de la RFA [15]. Personne n'osait penser alors que cette détente pouvait être le prélude à une réunification, mais les aspects les plus cruels de la coupure de l'Allemagne pouvaient être amoindris sinon effacés. Autrement dit, l'*Ostpolitik* acceptait le *statu quo*, mais pour le faire évoluer [16]. D'ailleurs, dans la *Lettre sur l'unité allemande* accompagnant le traité de Moscou de 1970 et faisant partie intégrante du traité, le gouvernement du chancelier Brandt affirmait : « Le traité n'est pas en contradiction avec l'objectif politique de la République fédérale d'Allemagne d'agir en faveur d'une situation de paix en Europe, dans laquelle le peuple allemand recouvrerait son unité dans l'autodétermination. »

De la même manière, le Traité fondamental signé entre la RFA et la RDA en 1972 renforçait l'ambiguïté : Bonn reconnaissait la République démocratique allemande comme sujet de droit international, tout en refusant de la traiter comme un État étranger – les deux États n'ont pas échangé d'ambassadeurs mais des « représentants permanents » – et continuait à affirmer l'existence d'une seule nationalité allemande que la RFA reconnaissait à tous les Allemands, y compris aux citoyens de la RDA [17].

On peut dire que l'histoire a tranché. La consécration assurée à Erich Honecker par le chancelier Kohl quand, en septembre 1987, le président de la RDA fut reçu à Bonn avec tous les honneurs réservés à un chef d'État étranger, n'a rien changé à la fragilité du régime communiste, tout en permettant de faire quelques nouveaux progrès dans les « allégements humanitaires » que Berlin-Est concédait parcimonieusement pour soulager un peu la vie de ses sujets.

Mais elle montrait la permanence de la politique de la RFA depuis sa fondation, le choix de la liberté avec, d'une part, l'adhésion aux valeurs de la démocratie libérale occidentale ; d'autre part, les efforts constants fournis pour aider à agrandir les espaces de liberté en Allemagne de l'Est. Comme au moment de la note de Staline en 1952, la tentation a existé dans quelques milieux politiques ouest-allemands très réduits d'accepter une neutralisation de l'Allemagne en échange de l'unité, pour le cas où l'URSS aurait essayé de jouer ainsi sa carte allemande. Les grands partis de RFA étaient quant à eux d'accord depuis la fin des années soixante-dix pour penser que la détente était une condition nécessaire à l'amélioration des rapports entre les deux États, tout comme l'affirmation de la liberté à l'Ouest était la condition, sinon d'une réunification dans la liberté, au moins d'une libéralisation à l'Est.

Pour arriver à cette libéralisation, ils étaient encore prêts à accepter l'existence d'un deuxième État allemand démocratique, à côté de la RFA, quand, à l'automne 1989, les manifestants de Berlin-Est, de Leipzig et de Dresde, étaient déjà passés de la revendication démocratique : *Wir sind das Volk* (Nous sommes le peuple), au slogan unitaire : *Wir sind ein Volk* (Nous sommes un peuple).

Dans ses allers et retours entre le maintien de la fiction juridique d'une « Allemagne tout entière » perdurant dans ses frontières de 1937, la présence de deux Allemagnes dont l'une refuse d'admettre l'existence de l'autre et prétend représenter l'ensemble des Allemands, puis qui reconnaît l'autre État tout en disant que c'est un État sans citoyenneté, la définition de la nation allemande et du sentiment d'identification n'était pas facile.

Christian von Krockow décrit ainsi le dilemme : « Première possibilité : on était absolument sûr d'être avant tout un citoyen d'Allemagne fédérale, et l'Allemagne fédérale devenait l'Allemagne tout entière, comme c'était déjà le cas pour le sport (...) Cette responsabilité devant l'Allemagne tout entière et la vocation de réunification stipulée dans la Loi fondamentale nous donnaient mauvaise conscience. Deuxième possibilité : on déclarait que " l'Allemagne dans son intégrité " était l'unité de mesure historique et que la RFA n'était qu'un État provisoire, fondé dans une situation d'urgence : c'était alors la République fédérale qui perdait son identité. Un pas de plus, et c'étaient alors les rêves d'une seule Allemagne qui surgissaient à l'improviste, ou peut-être d'une " Europe centrale " qui se libérerait de toutes les interpénétrations et s'imposerait contre l'Est et contre l'Ouest, dans une forme particulière, quelle qu'elle soit [18]. »

La réunification n'a simplifié la situation qu'en apparence. Les Allemands ont le choix dans leur identification avec un État qui est devenu pratiquement normal, en ce qu'il est un État-nation, comme c'est le cas le plus général en Europe. Mais qu'est-ce aujourd'hui que la nation allemande : les Allemands répartis dans le monde que le droit du sang autorise à se considérer comme tels ? La République fédérale étendue aux territoires à l'est de l'Elbe ? Ou une entité nouvelle née de l'unification de la RFA et de la RDA ?

La réponse n'est pas évidente. Les Allemands savent ce qu'ils ne veulent pas : recommencer les expériences malheureuses issues de la première unification. « La démocratie allemande a des bases relativement solides, explique Peter Glotz, un des idéologues du SPD, en mettant en garde contre la tentation d'un nouveau nationalisme " intellectuel ", mais ce n'est pas la première fois que nous réalisons une réunification. » Attention de ne pas recommencer les mêmes erreurs alors que l'environnement international n'est pas très réjouissant. Et de citer l'éclatement de la Yougoslavie, la désintégration de l'URSS, la renaissance du nationalisme, la montée du populisme dans certaines anciennes démocraties populaires. « Quel effet a ce bouleversement climatique sur les Allemands ? » se demande Peter Glotz [19].

La question est d'autant plus pertinente que l'unité s'est faite alors que personne ne l'attendait de sitôt. Ses plus chauds partisans d'aujourd'hui ont eux-mêmes été pris de court par les événements, bien qu'ils doivent être crédités d'un grand sens de l'opportunité.

NOTES

1. Lettre d'Engels à Marx, du 25 juillet 1866 : « Bismarck n'accomplit rien d'autre que la mise en œuvre du plan " petit allemand " de la bourgeoisie. » Le plan « petit allemand » signifie l'unité sans l'Autriche. Cité par Wolfgang Venohr, *Zurück zu Deutschland* (Retour à l'Allemagne), Bouvier, Bonn, 1990. En mai 1848, l'Assemblée nationale se réunit pour la première fois dans l'église Saint-Paul de Francfort-sur-le-Main.
2. Karl Feldmeyer, *Frankfurter Allgemeine Zeitung*, 27 décembre 1991.
3. *Volk ohne Raum* (Un peuple sans espace), roman en deux parties publié en 1928 et 1930. Christian von Krockow fait remarquer que Grimm pensait alors à l'absence de possessions africaines par l'Allemagne. Von Krockow, *op. cit.*
4. Sebastian Haffner, *Le Jour de Sedan* dans *Im Schatten der Geschichte. Historisch-politische Variationen aus zwanzig Jahren* (A l'ombre de l'Histoire. Variations historico-politiques de vingt ans), Stuttgart, 1985.
5. Christian von Krockow, *op. cit.*
6. Louis Dumont remarque qu'en France aussi le nationalisme est devenu une idéologie de droite après 1871. La gauche désormais revendiquait le patriotisme. Louis Dumont, *Homo aequalis II. L'Idéologie allemande. France-Allemagne et retour*. Gallimard, 1991.
7. Voir Jacques Le Rider, *op. cit.*
8. Norbert Elias, *op. cit.*
9. Louis Dumont, *op. cit.*
10. Christian von Krockow, *op. cit.*
11. Cité par *Die Zeit*, 16 août 1991.
12. *L'Allemagne de Rudolf von Thadden, op. cit.*
13. Kurt Schumacher, discours devant les dirigeants du SPD, 31 mai 1947. Cité par Renata Fritsch-Bournazel, *L'Allemagne dans la nouvelle Europe*, Éd. Complexe.
14. Christian von Krockow laisse entendre qu'Adenauer n'en

croyait pas un mot de cette comptabilité entre ancrage à l'Ouest et possibilité de réunification. En fait, il a sans doute mené la seule politique possible, qui n'a pas fermé les portes de l'unité, même si à l'époque il eût été bien téméraire d'en prendre le pari.

15. Richard Löwenthal et Hans Peter Schwarz, *Vom Kaltenkrieg zur Ostpolitik* (De la guerre froide à la politique à l'Est), dans *Die zweite Republik. 25 Jahre Bundesrepublik Deutschland. Eine Bilanz* (La deuxième République. 25 ans de République fédérale d'Allemagne. Un bilan), Seewald Verlag, Stuttgart, 1974. Cité par Renata Fritsch-Bournazel, *op. cit.*

16. Karl Kaiser, *op. cit.*

17. C'est une des raisons pour lesquelles les Allemands de l'Est, à l'été 1989, passés en Hongrie, en Tchécoslovaquie ou en Pologne, étaient juridiquement en droit de demander la protection des ambassades de RFA dans ces pays.

18. Christian von Krockow, *op. cit.*

19. Peter Glotz, *Wider den Feuilleton-Nationalismus* (Contre le nationalisme feuilletoniste), *Die Zeit*, 19 avril 1991.

Chapitre 3

UNE UNITÉ INATTENDUE

La guerre froide a divisé l'Europe. La détente Est-Ouest des années soixante-dix a cimenté la séparation, laissant côte à côte deux États allemands « pour un siècle encore », avait dit Mikhaïl Gorbatchev en recevant le président de la République fédérale en 1987. La fin de l'antagonisme Est-Ouest a fait disparaître le rideau de fer que la détente avait à peine entrouvert. Pour l'Allemagne, De Gaulle l'avait dit dès 1965 : « L'unification ne peut se réaliser que comme résultat de la réunification de l'Europe [1]. » En réalité, elle en a été tout autant la condition que la conséquence.

Mais les deux « unifications » n'étaient pas inéluctablement liées. Durant quelques mois les responsables ouest-allemands, même ceux qui avaient inscrit la réunification dans les premières lignes de leur programme, ont pensé que deux États allemands pouvaient subsister côte à côte pendant une période transitoire. Au début de l'année 1989 qui sera celle du grand tournant, la situation apparaît tristement inchangée. Depuis quatre ans, le maître du Kremlin a bien appliqué la « nouvelle pensée » à la diplomatie soviétique avec l'aide de son ministre des Affaires étrangères, Edouard Chevardnadze, mais à propos de l'Allemagne Moscou rappelle ses positions traditionnelles : il existe deux États allemands et il est bon pour l'Europe et pour la paix qu'il en soit ainsi.

Afin de bien montrer que ces deux Allemagnes sont des États comme les autres, les Soviétiques ont autorisé en 1987 ce qu'ils avaient interdit deux ans plus tôt : une visite officielle de M. Honecker à Bonn.

Une certaine évolution est pourtant perceptible. Si les dirigeants soviétiques avaient tenté de jouer plus ou moins habilement la « carte allemande », la position de Moscou n'avait pas fondamentalement varié depuis la note de Staline de 1952. Puisque les Occidentaux et Bonn refusaient l'unification dans la neutralité, l'URSS défendrait bec et ongles la RDA, ce bastion avancé du socialisme, dont la souveraineté plus limitée encore, si faire se peut, que celle des autres démocraties populaires est au service de la cause commune [2]. L'Acte final de la conférence d'Helsinki, en tout cas dans l'interprétation soviétique, avait confirmé le *statu quo* en Europe. Il n'y avait plus de « question allemande ». Le Kremlin considérait comme un trouble-fête tout dirigeant occidental qui pensait avec le président Richard von Weizsäcker que « la question allemande reste ouverte aussi longtemps que la porte de Brandebourg est fermée ».

Avec Mikhaïl Gorbatchev, des accents inédits se font percevoir. La ligne officielle reste la même mais le secrétaire général-président et le ministre des Affaires étrangères sont bombardés de « papiers » écrits soit par les services du comité central, soit par les divers instituts qui alimentent la réflexion des dirigeants. Dans ces textes confidentiels, la situation allemande est décrite sans fioriture. A Moscou, on sait bien que malgré les communiqués de victoire la RDA a échoué là où la RFA a magnifiquement réussi : à créer une économie performante. On sait aussi que le communisme n'a pas pu susciter un sentiment national en Allemagne de l'Est et que l'identification de la population avec le régime ne dépasse pas les manifestations dûment encadrées. Mais la RDA restant la pièce maîtresse du dispositif militaire soviétique en Europe, il n'est pas question d'y renoncer.

Mikhaïl Gorbatchev et Edouard Chevardnadze prêtent cependant plus d'attention à ces analyses que leurs prédécesseurs. Ils admettent peu à peu que la situation de l'Allemagne n'a pas été définitivement réglée, que l'existence du Mur est incompatible avec la « maison commune » qu'ils essaient de vendre aux Européens et que, Honecker refusant d'envisager toute réforme, son régime s'en trouve fragilisé. L'attitude des dirigeants est-allemands est claire : ils voient dans la perestroïka une entreprise subversive et n'hésitent pas à interdire des revues et des films soviétiques trop critiques à l'égard de Staline. En tout cas, il n'est pas question d'imiter le « grand frère ». « Vous sentiriez-vous obligés, soit dit en passant, de refaire les papiers de votre appartement parce que votre voisin change ceux du sien ? » demande Kurt Hager, membre du bureau politique du SED[3]. Au Kremlin, la « question allemande » n'est pas à proprement parler ouverte, mais les dirigeants soviétiques et les commentateurs officiels ne nient plus qu'elle se pose en principe, même si, dans un premier temps, ils affirment qu'elle n'est pas d'actualité.

Lors de la visite du président soviétique, en juin 1989, les négociateurs de Bonn ont réussi à placer dans la déclaration commune une phrase qui peut être considérée comme une formule passe-partout mais qui peut aussi être interprétée comme une reconnaissance implicite par l'URSS de l'aspiration des Allemands à l'autodétermination. Le texte affirme « le droit de tous les peuples à choisir librement leur destin[4] ».

Malgré ce succès diplomatique, personne ne croit alors à Bonn que moins d'un an plus tard les Allemands de l'Est se prononceront massivement en faveur de la réunification lors des premières élections libres depuis 1932. Le climat est plutôt à la prudence. L'unité allemande est toujours un thème pour les discours dominicaux, un objectif inscrit dans la Constitution, non une perspective réaliste.

La question qui se pose plutôt en cette fin du premier semestre 1989 est de savoir comment le régime est-allemand peut réagir à la vague de libéralisation qui semble frapper l'ensemble de l'Europe centrale.

L'attention est attirée par la déclaration d'un des idéologues du régime. Otto Reinhold a en effet affirmé que la seule justification de l'existence de la RDA était idéologique. La Hongrie ou la Pologne peuvent devenir démocratiques, elles resteront toujours la Hongrie ou la Pologne. Si la RDA abandonne le socialisme qui est sa raison d'être face à une République fédérale capitaliste, sur quoi se fondera sa légitimité ? Cette phrase du président de l'Institut du marxisme-léninisme a été interprétée à la fois comme la volonté de refuser toute libéralisation qui mettrait en cause l'être même de la RDA et comme l'aveu d'une faiblesse congénitale.

Toujours est-il que la vague de fugitifs est-allemands qui, de Budapest à Prague et Varsovie, envahit pendant l'été 1989 les ambassades de RFA, place le gouvernement de Bonn devant une situation délicate. Il ne peut pas refuser d'accepter ces Allemands de l'Est auxquels, de tout temps, il a reconnu la nationalité (ouest-) allemande, mais il s'inquiète des conséquences économiques de cet afflux pour la RFA et il a peur d'une réaction de Moscou comme d'un durcissement à Berlin-Est.

Au cours d'une rencontre secrète [5], le chancelier Kohl et le ministre des Affaires étrangères Hans Dietrich Genscher demandent aux dirigeants hongrois d'autoriser le départ des réfugiés est-allemands vers la RFA, en leur laissant entrevoir une aide économique généreuse. L'exode commence et s'enfle. Depuis des années déjà, les citoyens de RDA « votaient avec leurs pieds » ; ils le faisaient dans des conditions parfois rocambolesques, toujours au péril de leur vie. Cette fois, ils ont l'impression que les vannes sont ouvertes à tel point que les autorités de Berlin-Est sont obligées de fermer leurs frontières avec les « pays frères », qui le sont d'ailleurs de moins en moins et sont considérés comme traîtres aux accords passés avec la RDA.

Cette démonstration d'hostilité au « premier État des ouvriers et des paysans sur le sol allemand » tombe d'autant plus mal que la RDA s'apprête à fêter en grande pompe son quarantième anniversaire, en présence de Mikhaïl Gorbatchev. A Bonn, on comprend que le régime est-allemand fait face à sa plus grande épreuve peut-être depuis l'insurrection des ouvriers de 1953. Précisément, l'intervention des chars soviétiques en ces jours dramatiques de juin 1953 est dans toutes les mémoires – le 17 juin est jours férié en RFA –, et si l'on a de bonnes raisons à Bonn de penser que les troupes soviétiques stationnées en RDA n'interviendraient pas contre un mouvement de contestation, on est moins sûr de l'attitude des forces de l'ordre est-allemandes. Pendant sa visite de juin à Bonn, Mikhaïl Gorbatchev a donné sur le premier point des assurances aux dirigeants ouest-allemands, laissant même entendre à ses interlocuteurs sociaux-démocrates que les Soviétiques pourraient empêcher un Tien Anmen sur l'Alexander Platz.

Mais tout le monde n'est pas convaincu de la valeur de ces engagements. Prêchant la prudence, Egon Bahr se demandait encore en septembre : « Que ferons-nous si les chars roulent dans les rues de Berlin ? » Toute une tendance du SPD qui avait fondé sa politique sur le dialogue avec le régime est-allemand voyait vingt-cinq années d'efforts compromis par l'impatience des fugitifs est-allemands et « l'irresponsabilité » de ceux qui les encourageaient. Ces sociaux-démocrates, tel Egon Bahr, voulaient ce dialogue, non pas – il faut le souligner – par on ne sait quelle complicité objective avec les communistes, mais parce qu'il leur paraissait le meilleur moyen d'obtenir des conditions de vie plus favorables pour leurs compatriotes de l'autre côté du Mur. Ils voulaient encore miser sur les « forces réformatrices » ou prétendues telles à l'intérieur du

SED pour obtenir une libéralisation et une démocratisation de l'État est-allemand [6]. Une mise en cause de la RDA en tant qu'État ne pouvait, selon eux, que renforcer les conservateurs – les *Betonköpfe* – au sein du régime.

Egon Bahr et ceux qui pensaient comme lui dans la gauche allemande « ne voulaient pas admettre que la majorité de la population de RDA voulait se débarrasser de la dictature communiste, et pas seulement depuis 1989 [7] ». Aussi se trompaient-ils trois foi. D'abord en comptant sur les réformistes au sein du régime communiste ; même les spécialistes soviétiques officiels de la situation allemande n'y croyaient plus [8].

Ensuite, en oubliant que le vrai défi aux dirigeants de Bonn ne se présenterait pas « si les chars roulaient à Berlin », mais si le mouvement démocratique se développait sans que les chars sortent des casernes. Car les dirigeants ouest-allemands (et occidentaux plus généralement) seraient alors placés devant le plus formidable défi à l'ordre établi d'après-guerre et ils n'étaient de toute évidence pas préparés à l'affronter.

Enfin, en pensant que la survie de la RDA était assurée pour quelques années encore, les Allemands de l'Est tenant à leur État et les Soviétiques s'opposant à sa liquidation.

Cette dernière analyse n'était pas propre à des sociaux-démocrates qui auraient trop misé sur l'aile « réformiste » du SED. Les conseillers d'Helmut Kohl eux-mêmes envisageaient l'existence d'un deuxième – ou troisième, si l'on compte l'Autriche – État démocratique de langue allemande. La coexistence, pour un temps au moins, de deux États allemands était d'ailleurs ouvertement évoquée dans le plan en dix points présenté par le chancelier le 28 novembre 1989. Helmut Kohl reprenait l'idée lancée par Hans Modrow, le nouveau chef du gouvernement est-allemand, d'une *Vertragsgemeinschaft*, une communauté contractuelle entre la RFA et la RDA.

Mais ce plan était extrêmement ambigu et cette ambiguïté même, comme le fait que le chancelier ait prononcé son discours sans consulter ou au moins avertir ses alliés, ni même Hans Dietrich Genscher, son vice-chancelier et ministre des Affaires étrangères, le fera mal recevoir dans les capitales occidentales, notamment à Paris. Car le dixième et dernier point rappelle que « la réunification, c'est-à-dire la restauration de l'unité étatique de l'Allemagne, reste l'objectif politique du gouvernement fédéral ». Ce pourrait être anodin, dans la mesure où Helmut Kohl ne dit rien de plus que ce qui est déjà consigné dans la Loi fondamentale qu'il a prêté serment de respecter, ou dans les accords de Paris par lesquels les Alliés ont mis fin en 1954 au statut d'occupation de la RFA.

C'est en même temps un signal envoyé aux manifestants d'Allemagne de l'Est qui, on l'a vu, scandaient « Nous sommes un peuple » et non plus seulement « Nous sommes le peuple ». Et c'est l'aboutissement d'un processus d'intégration de l'unité allemande dans la transformation plus générale de l'Europe et des rapports Est-Ouest, décrite d'une manière assez précise et en quelque sorte prémonitoire. Ce que le chancelier et ses conseillers n'avaient pas prévu, c'est que le dixième point de leur plan serait déjà devenu une réalité moins d'un an après. Ils pensaient, en cette fin novembre 1989, que la gestation serait plus longue et se compterait en années plutôt qu'en mois. En privé, Helmut Kohl parlait d'une réunification « au tournant du siècle ».

Les dirigeants de Bonn avaient réussi à en persuader leurs partenaires, non pour les égarer comme on l'a cru parfois à Paris, mais parce qu'ils en étaient eux-mêmes convaincus. Ils n'avaient pas encore mesuré le degré d'intolérance du système communiste pour les Allemands de l'Est, la fragilité d'une RDA qui passait pour une championne économique au moins dans son camp, et la disposition de la direction soviétique à accepter l'inimaginable.

Tout ensuite devait aller très vite. Le 30 janvier 1990, lors de la visite de Hans Modrow à Moscou, Mikhaïl Gorbatchev accepte l'idée de la réunification allemande en ressortant la vieille condition de la neutralité ; quelques semaines plus tard, lors d'une visite d'Helmut Kohl, il consent à une réunification hors de l'OTAN et enfin, lors de la « percée du Caucase » le 16 juillet, le président soviétique annonce que l'URSS n'a pas d'objection à ce que l'Allemagne réunifiée choisisse librement ses alliances, c'est-à-dire fasse partie de l'OTAN. Entre-temps les Allemands de l'Est avaient voté, le 18 mars, en grande majorité en faveur de l'Alliance pour l'Allemagne emmenée par la démocratie chrétienne qui se présentait comme le parti de la réunification immédiate. Dans le domaine militaire, le pas avait en réalité déjà été franchi, au moins en principe, par Mikhaïl Gorbatchev lors du sommet américano-soviétique de juin ; George Bush avait présenté « neuf points » contenant toutes les garanties occidentales et allemandes qui devaient être réitérées au début de juillet lors du sommet de l'Alliance atlantique. Quand le chancelier arriva à Moscou, le gros du travail était fait ; il n'en fut pas moins étonné de la facilité avec laquelle son interlocuteur accepta le maintien dans l'OTAN. Restait à fixer la taille de la future Bundeswehr. Dans le Caucase, le chef du Kremlin énonça un chiffre qu'il ne voulait pas voir dépasser : 350 000 hommes. Helmut Kohl refusa : « Je ne veux pas d'une nouvelle Reichswehr », dit-il faisant allusion aux conditions draconiennes imposées à la petite armée de la République de Weimar. « Bon ! Disons 370 000, répliqua Mikhaïl Gorbatchev. La différence de 20 000, je m'en charge [9] ! »

Les contreparties acceptées dans le Caucase par le gouvernement fédéral n'étaient pas minces, mais elles permirent l'aboutissement des négociations « 2 + 4 » entre les deux États allemands et les quatre puissances victorieuses du Reich, et donc la signature, le 12 novembre 1990 à Moscou, du traité tirant un trait sur le statut mineur de l'Allemagne. L'article 7 indique en effet : « Les États-Unis, la France, le Royaume-Uni et l'URSS mettent fin par le présent traité à leurs droits et responsabilités relatifs à Berlin et à l'Allemagne dans son ensemble. L'Allemagne jouira, en conséquence, de la pleine souveraineté sur ses affaires intérieures et extérieures. »

Le 1er juillet, l'union économique et monétaire entre la RFA et la RDA avait déjà été réalisée, le mark est-allemand qui ne valait pas le papier sur lequel il était imprimé, était échangé contre un deutschemark au grand dam de Karl-Otto Pöhl, président de la Bundesbank. Mais Helmut Kohl avait été convaincu que c'était le seul moyen de freiner, sinon d'arrêter, la vague d'émigration en direction de la partie occidentale de l'Allemagne, dont les causes étaient plus économiques que politiques. Le 3 octobre, la RDA cessait d'exister, les cinq nouveaux Länder hâtivement réformés ayant demandé à bénéficier de l'article 23 de la Loi fondamentale qui prévoit l'adhésion à la RFA. Et pour couronner le tout, les élections du 2 décembre qui avaient lieu dans toute l'Allemagne donnaient une confortable majorité à la coalition entre les démocrates-chrétiens et les libéraux. Elles marquaient surtout un échec sévère pour les sociaux-démocrates qui avaient fait campagne sur le coût de la réunification ; leur candidat-chancelier, Oskar Lafontaine, n'avait pas compris – contrairement à son grand-père politique Willy Brandt – que l'heure n'était pas aux comptables mais aux hommes d'État. Pour lui, l'unité était « une affaire de statistiques », alors que c'était « une affaire de cœur [10] ».

Helmut Kohl aussi avait mis l'accent sur l'économie, promettant aux Allemands de l'Est qu'ils auraient accès au pays de cocagne et aux Allemands de l'Ouest que la reconstruction de l'ex-RDA ne leur coûterait rien. Oskar Lafontaine avait raison de dénoncer ce mensonge, mais comme le dit l'écrivain Peter Schneider : « Où est l'homme politique qui dès le début ait dit : l'unification coûtera un paquet d'argent, mais ça vaut le coup [11] ? »

Toujours est-il que l'unification se sera réalisée comme avaient vécu la RFA et la RDA, sous le signe de l'économie.

NOTES

1. Karl Kaiser, *op. cit.*
2. Renata Fritsch-Bournazel fait remarquer que la version allemande du pacte de Varsovie obligeait la RDA à fournir à ses alliés la contribution qui *leur* paraîtrait indispensable, alors que tous les autres textes stipulent que tout État membre doit l'assistance qui *lui* paraît nécessaire. Renata Fritsch-Bournazel, *op. cit.*
3. Cité dans *Zurück zu Deutschland*, *op. cit.*
4. Karl Kaiser, *op. cit.*
5. *Ibid.*
6. Conversation avec Egon Bahr en septembre 1989.
7. Brigitte Seebacher-Brandt, *Die Linke und die deutsche Einheit* (La gauche et l'unité allemande), Siedler Verlag, Berlin, 1991.
8. « Après Honecker on aura peut-être Krenz, mais n'est-ce pas déjà trop tard ? » nous disait fin septembre 1989, moins d'un mois avant la chute de Honecker, un expert de l'Allemagne au Comité central du Parti communiste soviétique. Egon Krenz a remplacé Honecker le 18 octobre 1989 comme secrétaire, avant d'être balayé par le mouvement démocratique quelques semaines plus tard.
9. Rapporté par Hans Klein, alors porte-parole du gouvernement fédéral, dans *Es begann im Kaukasus* (Ça a commencé dans le Caucase), Ullstein, Berlin, 1991.
10. Brigitte Seebacher-Brandt, *op. cit.*
11. Peter Schneider, *Die Angst der Deutschen vor den Idealen*, dans le *Frankfurter Allgemeine Zeitung*, 13 mai 1991.

Chapitre 4

AU DÉBUT ÉTAIT L'ÉCONOMIE

Élu « chancelier de l'unité » comme Bismark, fils spirituel autoproclamé de Konrad Adenauer, Helmut Kohl veut aussi entrer dans l'Histoire comme successeur de Ludwig Erhard. Ministre de l'Économie de 1949 à 1963, l'homme au gros cigare à la Churchill, que son embonpoint et sa faible autorité avaient fait surnommer « le lion en caoutchouc », fut certainement meilleur économiste que chancelier. Le « père » du « miracle » économique allemand doit sa célébrité à la réforme monétaire radicale qu'il imposa le 21 juin 1948, dans les trois zones d'occupation occidentales; du jour au lendemain, le mark perdait 90 % de sa valeur, le deutschemark était né, il serait le symbole de la nouvelle Allemagne.

La réforme monétaire de 1948 est à bien des égards l'acte fondateur de la République fédérale d'Allemagne, celui qui servit de prétexte, sinon de point de départ, à la division en deux États. C'est pourquoi la réunification de 1990 sous le signe du deutschemark a une portée hautement symbolique. Le chancelier Kohl a balayé toutes les objections pour hâter l'unification économique qui a pris effet dès le 1er juillet, trois mois avant l'unification étatique et surtout il a imposé un taux de change de un pour un entre le mark-est totalement dévalué et le deutschemark triomphant [1]. Si le raisonnement de

Erhard avait été d'abord économique en 1948, celui d'Helmut Kohl était purement politique. En invitant les Allemands de l'Est quelques mois plus tôt à voter massivement en faveur de la réunification, il avait promis d'apporter le deutschemark qui leur ouvrirait la société de consommation occidentale ; il tenait parole. Aux économistes et aux financiers qui, tel le président de la Bundesbank, criaient à l'inflation, le chancelier rétorqua : « Si le deutschemark ne va pas aux Allemands de l'Est, ce sont les Allemands de l'Est qui viendront au deutschemark », faisant allusion à la vague de réfugiés de l'été 1989. Mais le geste n'a pas qu'un aspect pratique. En étendant le champ du deutschemark à l'Est, le chancelier donne à l'Allemagne tout entière son principal repère, le premier objet d'identification de l'Allemagne d'après-guerre, État sans nation, nation sans identité, dont les références avaient été effacées par la défaite et la séparation. Il lui donne la preuve de sa réussite. Pour les Allemands de l'Est, c'est la promesse d'un avenir meilleur, le signe que le « miracle » de l'Ouest peut se reproduire chez eux, qu'eux aussi ont le droit de souscrire au « nationalisme du deutschemark » (Jürgen Habermas).

Le deutschemark, écrit l'hebdomadaire *Der Spiegel* qui tombe dans le lyrisme quand les vraies valeurs sont menacées, est « plus qu'un symbole. Il est la substance même de la croissance économique d'après-guerre, il est le secret de la politique économique allemande et de la prospérité allemande ; il personnifie les vertus comme l'ardeur au travail et l'esprit d'économie. Le mark est allemand et même, pour beaucoup, il est l'Allemagne [2]. »

En 1948, l'Allemagne est encore un pays en ruine, les bombardements ont détruit les villes, les hommes sont morts au front ou sont prisonniers, la survie est assurée par les femmes. Les réfugiés de l'Est affluent ; ils ont tout perdu mais sont prêts à travailler dur pour pas grand-chose. La réforme monétaire est un traumatisme pour ceux qui ont des liquidités, mais c'est le seul moyen d'adapter la demande à une offre très rare. Le « miracle » ne viendra pas tout seul. Outre le travail fourni – les prisonniers commencent à rentrer –, l'aide américaine liée au plan Marshall, la volonté des Occidentaux d'insérer la RFA dans le marché mondial et d'en faire une zone de prospérité face à l'empire soviétique, l'afflux des réfugiés qui seront d'abord une charge mais ensuite une chance, expliquent que la production industrielle ait doublé de 1950 à 1957 et que les réserves de la Bundesbank soient passées de 1,2 milliard de deutschemarks en 1951 à 26,1 milliards en 1958 [3]. Aussi le « miracle » allemand a-t-il pour « cause première le choix politique, fait non par les Allemands mais par les États-Unis », d'insérer la RFA dans les mécanismes occidentaux, affirme Alfred Grosser [4], mais justement cette insertion, corollaire de la prospérité, constituera un des fondements de la « démocratie de Bonn ».

L'autre élément mythique du « miracle » est la mise en œuvre d'une théorie développée depuis le début du siècle autour d'économistes installés à Fribourg, que Ludwig Erhard met en pratique avec un grand sens des réalités, mais qui apparaît, d'une manière un peu simpliste, comme la « recette » de la réussite allemande : l'économie sociale de marché, qui allie une foi enfantine dans l'économie de marché à des mécanismes régulateurs qui en adoucissent les conséquences sociales, permettant ainsi l'intégration de toutes les classes dans la société par une politique de participation des salariés et surtout de leurs syndicats, non seulement à la gestion des entreprises, mais à la répartition du capital. Le consensus économique et social fait partie des conditions de la réussite allemande, mais il ne faut pas oublier qu'il a été largement favorisé par un nivellement social, dû aux conséquences de la guerre et de l'après-guerre, au brassage de populations provoqué par les vagues de réfugiés, à cette *Stunde Null* où tout, ou presque, a recommencé à zéro. Avec la République fédérale, l'Allemagne est devenue une immense classe moyenne.

Ainsi l'Allemagne de Bonn est-elle l'image exactement inverse de la République de Weimar. A l'affrontement des classes, elle oppose la cogestion; à l'inflation galopante, une monnaie forte – avant 1914, il fallait 4,20 marks pour acheter un dollar, le 20 novembre 1923, il en fallait 4,2 milliards! – à l'instabilité, la stabilité; au chômage, la prospérité. Les valeurs démocratiques ont été d'autant mieux acceptées après la guerre qu'elles étaient liées, symboliquement au moins, au retour au bien-être et à la respectabilité. Mais la réussite économique a été le passage obligé : en 1959, 33 % des Allemands de l'Ouest se disaient fiers de leurs succès économiques, mais 7 % seulement de leur gouvernement et de leurs institutions [5]. La performance technique et économique a pris la première place dans l'échelle des valeurs; « le deutschemark et les médailles d'or sont au cœur de la conscience nationale allemande [6] ». La remarque vaut alors, à peine amendée, pour la République démocratique allemande qui plaça sa fierté dans les performances de ses athlètes sur les stades internationaux et dans la réussite industrielle; réussite relative dans la mesure où on la compare avec l'économie sinistrée des autres pays socialistes, dans la mesure aussi où les statistiques sont largement fausses... mais nombre de chefs d'entreprise et d'hommes politiques occidentaux s'y sont laissé prendre. Peu suspect de sympathie pour « l'autre Allemagne », Kurt Sontheimer, professeur de sciences politiques à l'université de Munich, disait encore en 1988 : « Eu égard aux possibilités limitées du socialisme réel, la RDA est devenue un État socialiste fonctionnant assez bien [7]. » L'ampleur du désastre apparaîtra seulement, à Berlin-Est comme ailleurs en Europe orientale, après la chute des régimes communistes.

Le « miracle » réalisé en RFA est-il un produit d'exportation? Est-il susceptible de se répéter dans l'ancienne RDA ? C'est bien sûr ce que les dirigeants allemands voudraient faire accroire. Pendant la campagne électorale, le porte-parole du gouvernement avait fait préparer un spot télévisé montrant la silhouette familière de Ludwig Erhard suivi de son basset, avec ce slogan : « Le passé comme avenir ».

Manfred Stolpe, ministre-président du nouveau Land de Brandebourg, ne cache pas les déceptions de ses concitoyens : « La plupart ont pensé que quand ils auraient le bel et bon argent – le deutschemark –, les choses iraient d'elle-mêmes. La croyance au miracle lié au marché est venue par là-dessus et en a rassuré plus d'un au début [8]... » Ce n'est évidemment pas si simple. La démarche est même totalement contraire à celle de 1948. Erhard avait épongé du pouvoir d'achat, alors que Helmut Kohl en a distribué une quantité sans commune mesure avec le niveau de la productivité en Allemagne de l'Est. Le résultat était prévisible : un effondrement de la production dans des entreprises incapables de soutenir la concurrence et une flambée inflationniste.

Certes, la République fédérale est un pays puissant qui peut payer pour l'Allemagne de l'Est, et qui le fait. Mais la réunification coûte cher aux Allemands de l'Ouest, en impôts, en amputation de leur pouvoir d'achat par la relance de l'inflation, en augmentation du coût du crédit à la suite de la hausse des taux d'intérêt, etc., même si certains y trouvent quelques bénéfices [9]. Par-dessus tout, la réunification risque de mettre en cause la sacro-sainte stabilité monétaire sur laquelle était fondée l'image internationale de la RFA. La Bundesbank a beau veiller au grain, le déficit budgétaire est largement supérieur à ce qui avait été prévu par le ministre des Finances ; en 1992, il pourrait atteindre 200 milliards de deutschemarks ; en quelques années, il aura plus que doublé. La balance des opérations courantes, qui était traditionnellement excédentaire (depuis 1948 elle ne fut que cinq fois déficitaire), est passée dans le rouge. Les énormes excédents de la balance commerciale ont fondu à la suite du boom des importations entretenu par la soif de consommation des Allemands de l'Est. Le nouveau président de la Bundesbank, Helmut Schlesinger, appelle à la « fermeté sur les principes », tandis que son prédécesseur, Karl-Otto Pöhl, parti après avoir considéré que l'unification monétaire sur la base « un pour un » était « un désastre », regrette l'indifférence de ses compatriotes : « Personne ne semble prêt à payer volontairement le prix énorme de l'unification si l'on en juge par les négociations salariales, le développement du déficit budgétaire ou les polémiques autour de la suppression des subventions [10]. »

Le chancelier Kohl avait promis qu'il n'y aurait pas d'augmentation des impôts, la guerre du Golfe lui a servi de prétexte pour ne pas tenir ce que l'opposition appelle « un mensonge électoral »; les syndicats, estimant que les revenus du travail augmentaient moins vite que ceux du capital et craignant un « dumping » de la part des Allemands de l'Est, ont demandé pour tout le monde des hausses de salaires bien supérieures à l'inflation et le ministre des Finances promet de couper les subventions à quelques canards boiteux pour soulager le budget de l'État, mais il y a toujours de bonnes raisons électorales pour épargner les victimes désignées. Bref, la belle rigueur financière qui avait fait le renom des dirigeants et des partenaires sociaux allemands semble s'être évanouie. La France fait mieux que sa concurrente d'outre-Rhin en matière de lutte contre la hausse des prix alors que, dans les quarante dernières années, le coût de la vie a été multiplié par trois seulement en RFA contre douze en France (et quinze en Grande-Bretagne...). L'union monétaire de l'Allemagne a donc coûté cher, mais personne ne se demande quel aurait été le coût de la « non-union ».

L'autre menace qui se profile à l'horizon est une conséquence même de la prospérité nationale. A la suite de la faillite du système communiste, des foules de réfugiés camperaient aux frontières du pays et, profitant d'une législation sur l'asile politique très libérale, s'apprêteraient à l'envahir, aggravant les tensions sur les marchés de l'emploi et du logement. Le tableau cauchemardesque est sciemment exagéré par ceux qui craignent pour leur confort douillet et considèrent déjà l'Est comme un fardeau superflu. Depuis les années du « miracle », la RFA a importé une forte main-d'œuvre étrangère – les *Gastarbeiter* – venue surtout de Turquie, de Grèce et de Yougoslavie ; elle compte actuellement 5 millions de personnes (soit 7,7 % de la population) ; plus de 2 millions d'entre elles sont nées en Allemagne et 60 % ont moins de 25 ans. Seuls 10 % de ces étrangers disent vouloir retourner dans leur pays. La plupart vivent entre eux, sans espoir d'intégration à une société allemande où le « multiculturel » n'est pas à l'honneur. En 1990, la RFA a encore accueilli 377 000 personnes venant d'Allemagne de l'Est, mais le flot a diminué de moitié l'année suivante et sous peu le chiffre ne devrait plus dépasser le niveau normal des migrations internes. 397 000 réfugiés d'origine allemande venant de l'Europe de l'Est – il reste 2,4 millions d'Allemands de souche dans ces régions – et 193 000 demandeurs d'asile n'entrent pas dans les deux premières catégories.

La présence de ces étrangers, que l'on trouve aussi dans les cinq nouveaux *Länder*, a été le prétexte, à l'automne 1991, de manifestations de groupuscules néo-nazis ou de bandes de *skin heads* qui ont fait crier un peu rapidement à la renaissance de l'extrême droite, d'autant qu'au même moment la Deutsche Union, petit parti extrémiste, obtenait plus de 6 % des suffrages à une élection régionale. Sans doute ces manifestations ne doivent-elles pas être sous-estimées ; cependant leurs causes sont diverses et ne sauraient être ramenées à un seul dénominateur commun qui ferait immédiatement resurgir le spectre d'un passé honni. Le gouvernement a réagi en annonçant une modification de l'article de la Constitution réglementant le droit d'asile. Fort bien. Mais la réponse est certainement un peu courte, car elle traite davantage le symptôme que la cause, qui a sans doute plus à voir avec le malaise général de la société est-allemande après l'effondrement du régime communiste et une réunification menée au pas de charge. Peut-être la réflexion de Wim Wenders cerne-t-elle mieux la réalité : « Les agressions sont le fait de gens qui ne défendent pas leur propre territoire, dit le cinéaste, parce qu'eux-mêmes luttent pour leur droit d'entrée (dans la société) comme s'ils ne se considéraient pas encore comme des indigènes [11]. » Rien n'indique en tout cas que ces manifestations sporadiques mettent en péril la stabilité sociale de la nouvelle Allemagne.

Cependant, une troisième menace pèse sur elle, ou plus exactement sur la marque de son identité depuis 1948 : le deutschemark est voué à disparaître dans l'Union monétaire de l'Europe. En décidant au sommet de Maastricht, les 9 et 10 décembre 1991, que la Communauté européenne aurait une monnaie unique avant la fin du siècle, les chefs d'État et de gouvernement des Douze ont du même coup signé la fin du franc, du deutschemark et de la livre sterling au profit de l'Écu. Les citoyens allemands, qui étaient à l'origine de chauds partisans de cette Union économique et monétaire dans laquelle ils voyaient une étape décisive de leur rêve européen, ne s'étaient pas aperçus immédiatement de sa signification. Ce n'est qu'à l'approche du sommet de Maastricht que la presse, la presse conservatrice certes mais pas elle seule, sonna le tocsin. Dans le magazine *Der Spiegel*, l'ancien ministre social-démocrate de l'Économie et des Finances Karl Schiller avait lancé, sous le titre « L'Allemagne sans DM ? », un dernier appel pour que les Douze se rendent à la raison et ajournent toute décision sur la monnaie unique : « Tout ce que, dans les quarante dernières années, nous avons mené comme politique économique typiquement allemande, libérale quoique un peu dogmatique – liberté des échanges et des mouvements de capitaux dans toutes les directions, liberté des marchés, saine méfiance à l'égard des réglementations bureaucratiques, tout ce à quoi Ludwig Erhard et ses successeurs ont travaillé dans le même esprit serait alors un chapitre définitivement clos, bon pour les historiens de l'économie [12]. »

Pour celui qui, avec Ludwig Erhard et Helmut Schmidt, incarne la rigueur de la politique financière allemande, l'Union monétaire européenne ne tirerait pas seulement un trait sur la plus belle réussite de la République fédérale, elle donnerait à ses concurrents, et en premier lieu à la France, la victoire qu'ils attendent depuis longtemps : « Le deutschemark se dissoudrait comme un sucre dans une tasse de thé », écrit Karl Schiller qui reproche à Paris de vouloir imposer à ses partenaires une « politique industrielle », dernière invention de la bureaucratie française, hostile au libéralisme et fervente de protectionnisme. En acceptant le calendrier des prochaines étapes de l'Union monétaire, le chancelier Kohl a donné la priorité à ses convictions européennes, parce que, avec ses conseillers financiers, il espère que l'Écu sera, à l'échelle européenne, un nouvel exemple de vertu monétaire. Mais en touchant au deutschemark qu'il qualifiait lui-même quelques jours avant Maastricht de « trésor de notre temps », il a pris le risque de provoquer des réactions plus dures qu'il ne l'imaginait. Le président de la Bundesbank lui reproche discrètement de n'avoir pas assez préparé l'opinion au fait, « difficile à comprendre, qu'il n'y aura plus de DM [13] ».

Le chancelier a fait prévaloir le politique sur l'économique, alors que, note l'historien Arnulf Baring, « de Marx à Bismarck, l'économie est notre destin [14] ». Il a choisi une politique européenne qui privilégie le resserrement des liens politiques, économiques, monétaires, entre les Douze, alors que d'autres, comme encore Karl Schiller, voient les priorités de l'Allemagne dans la reconstruction des nouveaux *Länder*, l'aide aux pays de l'Est s'orientant vers l'économie de marché et le soutien aux anciennes républiques soviétiques pour éviter qu'« elles ne tombent dans un puits sans fond [15] ».

Le lien entre la prospérité économique et l'adhésion aux valeurs démocratiques dans la République fédérale est-il univoque ? Nul ne conteste que, contrairement à ce qui s'était passé sous la République de Weimar, les « trente glorieuses » – qui d'ailleurs se prolongèrent en Allemagne un peu plus longtemps que dans l'ensemble du monde occidental – contribuèrent grandement à la stabilité politique de la nouvelle République, à l'apaisement des conflits, au bon fonctionnement du parlementarisme, etc. Alors que la RFA hérite de nouveaux territoires au développement déficient, à l'industrie obsolète, aux emplois précaires, au niveau de vie inférieur à celui de l'Ouest, et que la guérison sera longue et coûteuse, la question se pose de savoir si la prospérité est la condition de la démocratie. Si, pour reprendre l'expression de l'écrivain Peter Schneider, les Allemands (de l'Ouest) perdraient « leurs bonnes habitudes » en cas de crise économique grave. La prospérité est-elle une aide à la démocratie ou sa condition ?

« Si la prospérité naissante a fortement contribué à légitimer la république pluraliste, pourquoi une crise suffirait-elle plus qu'ailleurs à ébranler cette légitimité ? » se demande Alfred Grosser qui répond par la négative [16]. Cette opinion n'est pas partagée par Edzard Reuter. Le patron de Daimler-Benz craint qu'« on s'aperçoive dans quelques années que l'on est dans une démocratie confortable seulement tant que tout va bien ». Cette crainte, ajoutait-il en 1983, « n'est pas d'un pessimisme excessif [17] ». L'expérience est moins sombre. Le développement économique de la RFA depuis 1949 n'a pas été marqué par la continuité ; il a traversé des périodes de crise, affronté les chocs pétroliers, toléré un niveau de chômage que la désastreuse expérience des années trente laissait supposer insupportable... Les institutions ne s'en sont pas moins montrées solides, les quelques crises gouvernementales étant provoquées plus par des dissensions politiques au sein du parti dominant ou de la coalition que par de graves problèmes économiques ou sociaux. Tout laisse à penser que cette nouvelle démocratie a suffisamment fait ses preuves pendant quarante ans pour affronter sans dommage les écueils de la réunification, menée à bien avec une maestria politique incomparable par un chancelier qui n'en avait pas moins sous-estimé les conséquences.

NOTES

1. Ce taux était applicable à l'argent liquide et à l'épargne jusqu'à un certain plafond. Au-delà, le taux de change était fixé à deux marks-est pour un mark-ouest, mais il restait encore très avantageux.
2. *Der Spiegel,* 9 décembre 1991.
3. Chiffres cités par Jean Baumier, *Les Leçons d'un « miracle »,* dans *Les Allemands sans miracle,* Armand Colin, Paris, 1983.
4. Alfred Grosser, *L'Allemagne en Occident,* Fayard, Paris, 1985.
5. Anne-Marie Le Gloannec, *La Nation orpheline,* Calmann-Lévy, Paris, 1989.
6. Rudolf von Thadden, *Berührung zwischen Vergangenheit und Zukunft* (Rapport entre passé et avenir), dans *Politik und Kultur,* n° 3, 5e année, Berlin, 1978.
7. Kurt Sontheimer, *Reden über das eigene Land* : *Deutschland* (Parler de son propre pays : l'Allemagne), dans *Ein ganz normaler Staat?* (Un État tout à fait normal?), Piper, Munich, 1989.
8. Entretien avec *Der Spiegel,* 29 avril 1991.
9. Voir *infra* page 97.
10. *Le Monde* du 29 août 1991.
11. Cité par *Frankfurter Allgemeine Zeitung,* 26 novembre 1991. Nous avons traduit par « indigène » le mot *Inländer* employé par Wim Wenders, qui en allemand s'oppose à *Ausländer,* étranger.
12. *Der Spiegel,* 9 décembre 1991.
13. Entretien avec *Die Zeit* du 20 décembre 1991.
14. Arnulf Baring, *Deutschland, was nun?* (L'Allemagne, et maintenant?), Siedler Verlag, Berlin, 1991.
15. *Der Spiegel,* 9 décembre 1991.
16. Alfred Grosser, *op. cit.*
17. Edzard Reuter, *Vom Geist...*, *op. cit.*

Chapitre 5

LA TROISIÈME VOIE EST BARRÉE

Le samedi 4 novembre 1989, l'Alexanderplatz, fierté architecturale du régime de Berlin-Est, est noire de monde ; des centaines de milliers de manifestants, peut-être un million, se sont rassemblés, entre ses cubes de béton sans grâce, pour réclamer dans une atmosphère bon enfant la liberté de pensée et d'expression, la liberté de la presse et de réunion. Les policiers sont débonnaires ; le Mur est à quelques centaines de mètres, mais personne ne songe à le prendre d'assaut.

Sur la même place, il y a moins d'un mois, devant la tribune où étaient alignés tous les dignitaires du régime, Honecker en tête à côté de Mikhaïl Gorbatchev, une grande parade célébrait le quarantième anniversaire du « premier État des ouvriers et des paysans sur le sol allemand ». L'armée – en violation du statut démilitarisé de Berlin (mais ce n'était pas la première fois...) –, les jeunes, les militants et la population défilaient joyeusement. Leur nombre pourtant ne devait pas faire illusion. L'envoyé spécial du *Financial Times* avait remarqué que les mêmes personnes passaient plusieurs fois devant la brochette de vieillards qui dirigeaient la RDA[1].

Le 4 novembre, l'atmosphère a changé du tout au tout. A la tribune se succèdent des intellectuels dissidents de toujours, des écrivains qui se sont lassés des privilèges du régime, des dirigeants du mouvement contestataire qui se développe depuis un mois dans toutes les grandes villes du pays et des communistes qui se cherchent une nouvelle légitimité, comme Günter Schabowski, membre du bureau politique du SED, ou le maître-espion Markus Wolf, qui croit que l'heure du gorbatchévisme a sonné en RDA.

Les discours sont modérés; il n'est question que de garantir les libertés, pas de renverser le régime ou le Mur. Aucun slogan n'évoque l'unité de l'Allemagne. Les manifestants revendiquent simplement le droit d'être des *Bürger*, des citoyens et non plus des *Untertan*, comme Heinrich Mann désignait les sujets de l'empereur, aujourd'hui les sujets de l'État totalitaire [2]. Ce n'est pas rien. Un des manifestants qui tous les lundis depuis près d'un mois parcourent le *Ring* de Dresde a adressé à Stefan Heym, un des orateurs de « l'Alex », une lettre que l'écrivain lit publiquement : « Ces dernières semaines, nous avons triomphé de notre mutisme et nous allons maintenant apprendre la bonne façon de marcher. » « Et cela, chers amis, poursuit Stefan Heym, en Allemagne, dans ce pays qui est passé à côté de toutes les révolutions, où les gens se sont toujours couchés, que ce soit devant l'empereur ou devant les nazis, et même plus tard encore [3]. »

Les Allemands de l'Est qui sont maintenant de plus en plus nombreux à descendre dans les rues ont conscience à juste titre d'accomplir une véritable révolution, « la seule révolution réussie de l'histoire allemande », diront-ils même, ce qui est vrai, au moins partiellement. La « révolution bourgeoise » qui aurait dû marquer l'avènement du citoyen a été manquée en 1848; la révolution socialiste de 1918 a été noyée dans le sang et la République de Weimar, première et timide tentative démocratique, s'échoua dans le nazisme. C'est pourquoi Jürgen Habermas peut parler à propos de 1989 de « révolution de rattrapage ». A plusieurs titres : rattrapage par rapport à l'Allemagne de l'Ouest où la démocratie s'est établie depuis quarante ans, mais rattrapage aussi par rapport à 1848, et cette fois au nom de tous les Allemands ; car en 1949, les Allemands de l'Ouest ont reçu la démocratie en cadeau des Alliés, sans se battre pour elle.

Sur quoi cette révolution peut-elle déboucher ? En cet automne 1989, personne ne le sait encore. Même quand ils ne l'avouent pas, les Allemands rêvent toujours d'un *Sonderweg*, un chemin particulier [4]. En cette fin 1989, celui-ci devait prendre en Allemagne de l'Est la forme d'une « troisième voie » entre le socialisme stalinien du régime Honecker et le capitalisme libéral de la République fédérale. Une sorte de « socialisme à visage humain » qui aurait pu rallier les intellectuels adversaires de l'État-SED, le mouvement contestataire qui inspirait les manifestations, et les ouvriers de la vingt-cinquième heure du Parti communiste.

A quelques rares exceptions près, les premiers ne s'étaient jamais prononcés pour la démocratie libérale ; les uns par timidité, les autres par conviction ; ils voulaient plutôt réformer le socialisme, démocratiser le Parti, sans remettre en cause son rôle dirigeant et ses privilèges.

Le mouvement contestataire, truffé de pasteurs qui mettaient des locaux paroissiaux à sa disposition, vantait l'inorganisation, par réaction au règne du Parti (puis des partis ouest-allemands) et aurait volontiers fait « la politique du Sermon sur la Montagne [5] ». Quant aux troisièmes, ils espéraient faire oublier leur lourd passé, en se présentant comme des communistes réformateurs [6].

Antifasciste, exilé aux États-Unis et revenu en Allemagne avec les troupes américaines, Stefan Heym avait choisi la RDA parce qu'il croyait avoir en commun avec elle l'hostilité au nazisme. Il a décrit dans un récit « l'utopie socialiste » à laquelle il rêve. Il imagine un petit État dans la forêt de Thuringe, Schwarzenberg, ignoré des Soviétiques comme des Américains, qui construit un « socialisme à visage humain ». L'expérience ne dure pas ; au bout de six semaines, les troupes soviétiques y mettent bon ordre. Mais il est bien que le mythe subsiste d'une « autre Allemagne, muette, bâillonnée [7] », comme si l'Allemagne, divisée ou non, devait toujours être duale. L'idée d'une troisième voie, d'une Allemagne « autre », entre le capitalisme et le socialisme, n'est pas nouvelle. Elle a vu le jour dans les cercles de la résistance intérieure au nazisme puis s'est développée après la guerre dans les milieux protestants, dans la gauche avec le pasteur Martin Niemöller, dans la démocratie-chrétienne avec Jacob Kaiser, chef de la CDU à Berlin après la guerre. Le grand théologien suisse, Karl Barth, qui a eu une influence fondamentale sur le protestantisme allemand, estimait que les chrétiens n'étaient pas concernés par la guerre froide et qu'ils leur fallait choisir « un autre chemin, une troisième voie [8] ». L'intelligentsia est-allemande aperçoit en 1989 la possibilité de réussir ce qui a été raté au lendemain de la guerre à cause de la coupure en deux blocs de l'Europe – et précisément de l'Allemagne.

Non seulement la gauche ouest-allemande n'a jamais fait une révolution mais elle n'a rien compris pendant des décennies à ce qui se passait en RDA ; quand elle ne s'est pas laissé prendre aux discours antifascistes des dirigeants de Berlin-Est, elle a mis une sourdine en tout cas à ses critiques du communisme pour ne pas affaiblir sa condamnation du nazisme. Aussi est-elle totalement prise de court par le mouvement de contestation à l'Est et elle se méprend sur ses objectifs et ses posssiblités. Elle espère, elle aussi, une session de rattrapage. Elle croit que grâce aux manifestants est-allemands, elle pourra faire la révolution par procuration, bouleverser la société de consommation contre laquelle, seule, elle est impuissante comme l'ont montré l'échec du mouvement contestataire des années soixante et la stagnation des formules « alternatives ». Cette impasse a été encore plus manifeste quand une fraction de l'extrême gauche a cru trouver dans le terrorisme un remède à son impuissance sociale [9]. Quand les Allemands de l'Est se posent la question de savoir si « nous n'avons pas besoin d'une nouvelle conception de la société » ou « comment nous voulons vivre ; avec quelles valeurs morales [10] », la gauche de l'autre côté du Mur espère qu'ils vont aussi subvertir la RFA.

Cet espoir se révélera aussi illusoire que l'idée d'un socialisme réformé. Car rien ne résistera aux miroitements de la réunification sous le signe de l'opulence, ni au bulldozer des partis ouest-allemands qui en connaissent plus long sur la manière de gagner les élections que *Neues Forum*. « On aura rarement vu, écrit Günter Grass, dans l'histoire suffisamment malheureuse de l'Allemagne, une possibilité que l'on peut réellement qualifier d'historique être si futilement gâchée par manque de force créatrice [11] ». Mais les Allemands de l'Est n'avaient nullement envie de servir de cobayes à l'expérimentation sociale de la gauche ouest-allemande ; ils voulaient « la fin d'une expérience (socialiste), ils ne veulent pas d'une expérience sans fin [12] ». Il reste que des questions ont été posées, qu'elles n'ont pas reçu de réponse et qu'elles pourraient bien réapparaître un jour sous une forme ou sous une autre.

Les partisans de la « troisième voie » ne sont pas tous de doux rêveurs ou des nostalgiques déguisés de l'ancien régime. Ils veulent conserver de l'ancienne RDA « plus qu'une note en bas de page de l'histoire mondiale » (Stefan Heym), ce qui mérite de l'être, ni ses greffes staliniennes ni ses caractéristiques germaniques traditionnelles mises au service de la « construction du socialisme » : obéissance, sens du devoir, ardeur au travail, soumission à l'État... Mais quelques acquis dont il ne faut certes pas surestimer l'importance, comme le mythique droit au travail ou au logement, ou les droits des femmes (avortement, jardins d'enfants, etc.).

En politique extérieure, ils mettent en avant les

relations étroites qu'ils ont nouées par la force des choses avec les « États socialistes frères », les langues des pays voisins qu'ils ont – plus ou moins – apprises, les échanges économiques qui se sont développés, etc.

Mais surtout, c'est un sens de la communauté, « ou au moins de son utopie [13] » qui a peu de rapport avec la société socialiste, ou alors le rapport de l'envers à l'endroit : dans un régime qui assure la sécurité totale, puisque l'État veille sur tous et pourvoit à tout, et qui, en même temps, procure l'insécurité parfaite, puisque le voisin ou le proche peut à tout moment vous dénoncer à la Stasi, le sentiment de proximité et la chaleur humaine prennent un sens qu'ils ont perdu dans les sociétés occidentales où la valeur première est la réussite individuelle. « Ici, il y avait une solidarité de la misère et de l'oppression, dit Manfred Stolpe, ministre-président du Brandebourg et ancien responsable de l'Église évangélique d'Allemagne de l'Est. Les gens étaient liés les uns aux autres par la conscience qu'ils n'appartenaient pas à la classe dirigeante, un sentiment qui est plus important que l'argent [14]. »

État sans nation, aux frontières artificielles et au régime largement importé, la RDA officielle s'est vainement cherché une identité pendant quarante ans ; les Allemands de l'Est sont en train de la forger précisément au moment où la RDA disparaît. Fallait-il pour autant pratiquer l'acharnement thérapeutique ? C'était l'avis, par exemple, de Günter Grass, grand pourfendeur de la réunification qui « entraînerait des pertes irrémédiables : rien ne resterait en effet aux citoyens de l'autre État, désormais récupéré, de leur identité douloureuse, pour laquelle ils se sont battus comme nul autre peuple jusqu'à la fin ; leur histoire tomberait victime de la brutale réalisation de l'unité [15] ».

Tradition allemande, l'appartenance à une communauté, là où il n'est pas question de nation, est encore renforcée par le rôle que les Églises, et notamment l'Église évangélique, jouent dans le mouvement. Les Églises protestantes sont découpées en institutions territoriales qui jouissent d'une grande autonomie, alors que l'Église catholique par définition est « universelle ». Pour autant, les Églises de la Réforme n'étaient guère prédestinées à assumer une fonction contestataire par rapport au pouvoir, quel qu'il soit. L'Église réformée allemande s'était mise en effet sous la protection des princes pour s'opposer à la Contre-Réforme et le résultat en fut « l'organisation d'une Église nationale qui représentait une autre forme d'autorité, spirituelle celle-là, avec toutes les conséquences inévitables qui devaient en découler, depuis une administration composée de fonctionnaires jusqu'à la paralysie orthodoxe de la foi [16] ». A travers toute l'histoire de l'Allemagne, l'Église réformée pactise avec le pouvoir. Ce ne sera pas très différent en RDA, mais tous les fidèles et les pasteurs ne suivent pas leur hiérarchie, mi-complice, mi-persécutée, dans ses rapports ambigus avec le régime.

L'histoire des rapports de l'Église évangélique avec le pouvoir en RDA, c'est l'histoire d'une reconnaissance réciproque. En 1956, la séparation de l'Église et de l'État [17] a quelque peu distendu ces liens, en même temps que faiblissait la pratique religieuse. En 1969, l'Église évangélique est-allemande qui faisait toujours partie d'une institution commune à l'Église ouest-allemande a créé, sous la pression des autorités politiques, une fédération indépendante. Les autorités ecclésiastiques professent une stricte séparation de la vie publique et de la vie religieuse. Le chrétien peut confesser sa foi dans n'importe quelle forme de société ; de là à penser que n'importe quel régime est acceptable, il n'y a qu'un pas... La tradition remonte à Luther qui a revendiqué la liberté individuelle dans l'Église seulement, dans le rapport de l'homme avec Dieu, pas dans la société « extérieure », parce que « ça n'a pas d'importance [18] ».

La fonction du pasteur est de garantir la liberté de la foi pour ses fidèles et le croyant n'a rien à dire sur la société politique. Ce postulat justifie aussi bien l'indulgence de l'Église évangélique officielle pour Hitler que la création d'une « Église confessante » par les protestants hostiles au nazisme; cette Église confessante, comme son nom l'indique, devait permettre l'affirmation de la foi, malgré le régime politique. C'est encore dans cette perspective que l'évêque Albrecht Schönherr signe en 1978 avec Erich Honecker un véritable « compromis historique ». L'Église ne veut être « ni contre ni en marge du socialisme, mais une Église dans le socialisme »; au Conseil œcuménique des Églises, elle défend la politique soviétique; le parti chrétien-démocrate (la CDU-Est) est bien souvent la courroie de transmission du SED dans les paroisses. A ce prix, les protestants ont gagné une certaine tranquillité qui leur permet d'accepter dans leurs temples des groupes contestataires qui défendent les droits de l'homme, l'environnement, la paix... Les pasteurs se sentent très proches de ces jeunes libérés des tabous de la société communiste et qui, malgré les campagnes athéistes officielles, sont de plus en plus nombreux à se faire baptiser. La hiérarchie est d'abord réticente, puis, poussée par la base – la structure synodale du protestantisme joue un rôle éminent dans le changement d'attitude de l'Église –, elle prend la défense de manifestants et s'implique dans la vie politique nationale. Elle ne se croit plus seulement « obligée de soigner les victimes tombées sous la roue du pouvoir mais (aussi) de mettre elle-même des bâtons dans cette roue [19] ».

D'un côté, les jeunes, croyants ou non, trouvent dans les églises un lieu de refuge contre l'embrigadement politique, dans les campagnes pour la paix ou la préservation de l'environnement un moyen de contester l'autorité. Les églises étaient devenues des lieux de rencontre puis de rendez-vous pour les manifestants dans les dernières semaines du régime.

A Saint-Nicolas, dans le quartier de Prenzlauerberg à Berlin, une pancarte avertissait le visiteur : « L'église est fermée ; nous sommes à la manif. »

De l'autre, les dignitaires de l'Église s'efforcent de ménager le pouvoir. A l'été 1989, Manfred Stolpe, qui sera mis en cause, après la réunification, pour ses contacts avec la police du régime en tant que responsable de l'Église de Berlin-Brandebourg, affirme que les manifestants veulent « une meilleure RDA, pas une RDA capitaliste », en énumérant les défauts du capitalisme que tout bon chrétien devrait rejeter : encouragement de l'égoïsme, du gaspillage, appétit de consommation, indifférence au prochain [20]... Fin septembre, la hiérarchie de l'Église évangélique réclame des réformes qui permettent de rétablir « la confiance entre le peuple et les autorités ».

Ces précautions de langage seront balayées par le mouvement et l'Allemagne passera de la réforme à la révolution. Conformément à une tradition qui a fait jouer aux pasteurs et à la maison du pasteur un rôle important « dans l'histoire contemporaine des idées et sentiments allemands [21] » ; mais contrairement à une autre qui liait l'Église au pouvoir en place : « Pour la première fois de son histoire, le protestantisme allemand a été du bon côté, du côté des opprimés et non des oppresseurs, du côté du peuple et non des puissants », a déclaré le pasteur berlinois (de l'Ouest) Heinrich Albertz [22]. Les Églises ont trouvé une force et un prestige qui leur manquaient, et elles ont profondément marqué le caractère même du mouvement. Il y avait les défilés avec les bougies, toujours pacifiques ; l'écrivain est-allemand Rolf Schneider remarque que ceux-ci exigent l'usage des deux mains, « avec une on tient la bougie, avec l'autre on protège la flamme. Ainsi n'y a-t-il aucune possibilité pour, par exemple, ramasser des pierres et les jeter [23] ». Les hommes d'Église, laïcs, pasteurs ou anciens pasteurs, se sont lancés dans la politique, qui comme ministres des Affaires étrangères ou de la Défense de l'éphémère gouvernement de Maizière, qui comme député au Bundestag de l'Allemagne unifiée, qui comme ministre-président d'un des cinq nouveaux Länder... Pas dans n'importe quelle politique ; du moins voudraient-ils contribuer, dans leurs partis respectifs, à une autre manière de faire de la politique. Toujours cette « voie particulière ». Une manière plus proche des citoyens, plus consensuelle, plus pacifique. Ainsi la composante pastorale accroît-elle la tendance prépolitique d'une révolution qui, comme beaucoup d'autres avant elle, a « congédié ses enfants ».

NOTES

1. David Marsh, dans *Die Zeit*, 26 juillet 1991.
2. Dans le préambule d'un projet mort-né de nouvelle Constitution pour la RDA, Christa Wolf parle de « *Bürgerinnen und Bürger der Deutschen Demokratischen Republik* » (Citoyennes et citoyens de la République démocratique allemande). Cité par Jacques Le Rider, *L'Allemagne de la division...*, *op. cit.*
3. Stefan Heym, *Einmischung – Gespräche – Reden – Essays* (Ingérence – Entretiens – Discours – Essais), Gütersloh, 1990.
4. La discussion sur le *Sonderweg* porte sur la question de savoir si, au XVIIIe siècle, l'Allemagne s'est avancée sur une voie particulière, l'isolant des autres peuples de l'Occident qui s'engageaient, eux, sur la voie de la démocratie. Voir Joseph Rovan, *France-Allemagne, deux nations, un avenir*, Julliard, 1988, et Louis Dumont, *op. cit.*
5. Voir page *infra*, page 168.
6. Dans l'appel intitulé « Pour notre pays » du 26 novembre 1989, on peut lire : « Nous avons encore une chance de développer, face à la République fédérale, un modèle socialiste de société et ce comme un État de plein droit, au même titre que nos voisins européens. Nous pouvons encore nous inspirer des idéaux antifascistes et humanistes dont nous sommes partis autrefois (...) Ou bien nous devons supporter que commence le bradage de nos valeurs matérielles et morales et qu'à court ou long terme la RDA soit confisquée par la RFA. »
7. Anne-Marie Le Gloannec, *La Nation orpheline, Les Allemagnes en Europe*, Calmann-Lévy, 1989.
8. *Ibid.*
9. Notons que des terroristes recherchés par la police ouest-allemande avaient trouvé refuge en RDA, avant l'automne 1989. La Stasi s'occupait d'ailleurs d'autres terroristes internationaux, comme Carlos.
10. Hans-Joachim Maaz, auteur de *Der Gefülsstau*, entretien avec *Süddeutsche Zeitung Magazin*, intitulé *Unser Ziel kann*

nicht Kohl heissen (« Notre objectif ne peut pas s'appeler Kohl », 16 août 1991.

11. Günter Grass, *Was rede ich – Wer hört noch zu?* (A quoi bon parler, qui écoute encore?), dans *Die Zeit*, 19 mai 1990.

12. Rolf Reissig et Gerd Joachim Glaessner, *Das Ende eines Experiments* (La fin d'une expérimentation), Dietz Verlag, Berlin, 1991.

13. Christian von Krockow, *op. cit.*

14. Manfred Stolpe, entretien avec le magazine *Time*, 1er juillet 1991.

15. Günter Grass, *Deutscher Lastenausgliech – Wider das dumpfe Einheitsgebot. Reden und Gespräche* (La péréquation des charges – Contre le brutal commandement d'unité. Discours et conversations), Francfort-sur-le-Main, 1990.

16. Christian von Krockow, *op. cit.*

17. L'Église catholique joue un rôle négligeable; il n'y a qu'un million de catholiques en RDA pour 5 millions de protestants sur une population de 16 millions tandis que la RFA compte 26 millions de catholiques et 25 millions de protestants. En RFA, l'administration publique collecte toujours l' « impôt religieux » qui représente 10 % de la contribution sur le revenu, sauf si le contribuable demande expressément à en être dispensé. 85 % des Allemands de l'Ouest paient le *Kirchensteuer*.

18. Louis Dumont, *op. cit.*

19. Dietrich Bonhoeffer à propos de l'attitude de l' « Église confessante » sous le nazisme – cité par Fritz Stern, *op. cit.*

20. Henrich Stubbe dans *Zurück zu Deutschland*, *op. cit.*

21. Martin Greiffenhagen, *Pfarrerkinder – Autobiographisches zu einem protestantischen Thema* (Enfants de pasteur – Éléments autobiographiques sur un thème protestant), Stuttgart, 1982. « Ce qui rapproche Friedrich Nietzsche, Gottfried Benn, Hermann Hesse, C.G. Jung et Albert Schweitzer, c'est le thème paternel : le protestantisme considéré comme une profession. Quelle que fût la profession choisie par les fils de pasteur, la vocation paternelle fut pour beaucoup un défi, une exigence et une référence en fonction de laquelle il leur fallait s'affirmer dans un monde qui faisait pressentir un au-delà. »

22. Cité par *Süddeutsche Zeitung* du 3 septembre 1991.

23. Rolf Schneider, *Une bougie exige deux mains* dans *Angst vor Deutschland*, Hoffmann und Campe, Hambourg, 1990.

Chapitre 6

UNITÉ TERMINÉE, UNITÉ INTERMINABLE

Les dates « historiques » se bousculent : 9 novembre 1989, ouverture du mur de Berlin ; 1ᵉʳ juillet 1990, unité économique et monétaire ; 3 octobre 1990, unité politique ; 2 décembre 1990, premières élections législatives dans l'Allemagne réunifiée. En un an, tout est dit. La vie commune de 62 millions d'Allemands de l'Ouest et de 16 millions d'Allemands de l'Est, séparés par quarante ans de guerre froide, avait été pensée, au moment de la « révolution allemande d'octobre », comme l'aboutissement d'un lent processus. En réalité, elle devait s'accomplir pratiquement du jour au lendemain. Les politiques avaient décrété l'unité, approuvés d'ailleurs par les électeurs ; le deutschemark lui fournirait son épine dorsale ; les pauvres citoyens de l'ex-RDA n'avaient plus qu'à se glisser dans cette brèche pour accéder à la société de consommation dont, tous les soirs pendant des années, ils avaient eu un aperçu sur leurs écrans de télévision. Fidèle à son tempérament, le chancelier Kohl était optimiste : dans deux ans, l'Allemagne de l'Est aurait rattrapé l'Allemagne de l'Ouest, et loin d'être le nouveau *Mezzogiorno* que quelques intellectuels aigris prédisaient, elle serait le Japon de l'Europe.

Après quelques mois d'unité, il fallut déchanter. L'unification institutionnelle pouvait être décidée bureaucratiquement ; les hommes politiques est-allemands pouvaient découvrir les joies de l'unité politique dans l'étrange univers de Bonn, cette « petite ville au bord du Rhin » qui était pour eux *terra incognita*; l'unification économique n'était pas hors de portée : si on ne lésinait pas sur les subventions, elle prendrait plus de temps que prévu mais elle se réaliserait. Une autre gageure était la cohésion psychologique, la création d'une véritable « identité » propre à l'Allemagne tout entière, l'émergence d'un sentiment d'appartenance au même pays, puisque l'unité visait deux sociétés qui ne pouvaient pas être plus dissemblables. Comme le dit alors le président Richard von Weizsäcker, « le Mur est aussi dans les têtes ». L'expression peut bien être moquée par les publicistes conservateurs qui y voient une incurable méfiance à l'égard de l'unité nationale, propre aux intellectuels mais étrangère à l'homme de la rue [1], elle est confirmée par tous ceux qui sont en contact avec la réalité est-allemande. Les Allemands de l'Ouest ne s'en rendent pas très bien compte parce qu'ils vivent dans l'illusion de la continuité ; tout se passe pour eux, au moins superficiellement, comme si la République fédérale qu'ils ont toujours connue poursuivait son existence. Elle a simplement grossi de cinq nouveaux Länder. L'idée qu'eux-mêmes appartiennent désormais à un nouveau pays les effleure à peine. « Je suis un petit peu triste, avoue l'écrivain Peter Süskind, quand je pense qu'il n'y aura plus l'État République fédérale d'Allemagne, un État fade, petit, mal-aimé, mais un État dans lequel j'ai grandi [2]. » Les hommes politiques de tous bords, parce qu'ils étaient engagés dans une campagne électorale au moment même de l'unification, ont donné la priorité aux préoccupations partisanes. L'installation des formations politiques occidentales à l'Est ne pouvait pas suffire à apprendre la démocratie à 16 millions d'Allemands qui avaient vécu pendant quarante ans sous un régime communiste, après douze ans de national-socialisme pour les plus âgés d'entre eux. Le philosophe Jürgen Habermas, qui attache une importance particulière au « patriotisme de la Constitution », regrette que le gouvernement n'ait pas expliqué aux citoyens de l'Est le fonctionnement de l'État de droit et la valeur des principes démocratiques contenus dans la Loi fondamentale ; quant à ceux de l'Ouest, dont beaucoup sont trop jeunes pour se sentir quelque lien que ce soit avec un État est-allemand pratiquement étranger, il fallait s'efforcer de les mobiliser pour la construction d'une nation de citoyens au lieu de leur laisser croire que l'unité ne leur coûterait rien[3].

S'il existe un sentiment de mépris largement répandu chez les Allemands de l'Ouest (en langage populaire les *Wessis*) à l'égard des Allemands de l'Est (les *Ossis*) – ce qui donne lieu à des anecdotes et des plaisanteries douteuses, recueillies dans des livres –, des élites politiques, économiques, universitaires, de l'ancienne RFA n'ont pas hésité à quitter des positions souvent confortables pour apporter à l'Est une contribution concrète à la construction de la nouvelle Allemagne. Leurs témoignages vont tous dans le même sens. « L'unité est un vœu, mais la division reste la réalité, économiquement, socialement et psychologiquement », écrit Klaus von Dohnanyi, social-démocrate, ancien bourgmestre de Hambourg, qui dirige une société à l'Est à la demande de la *Treuhandanstalt*[4]. Il relève qu'après la guerre les deux parties de l'Allemagne ont vécu non seulement séparément, mais qu'elles ont été élevées l'une contre l'autre[5]. Autre « Wessi » ayant pris du service à l'Est, Kurt Biedenkopf, ministre-président de Saxe, estime que le rattrapage demandera au moins quinze ans et encore est-il optimiste car, selon d'autres experts, il faudra compter non en décennies mais en générations[6].

La persistance de cette fracture entre l'Allemagne Est et Ouest est mal vécue par les anciens citoyens de la RDA. « Plus que nous le pensions, le vieux système était constitué par nous », reconnaît un journaliste, né en RDA, qui travaille pour un grand hebdomadaire de Hambourg [7]. Du jour au lendemain, nous nous sommes retrouvés intellectuellement, politiquement et socialement « sans abri [8] ». Tous les points de repère avaient disparu, les habitudes anciennes étaient périmées, les références caduques ou pis encore condamnées parce que marquées au fer rouge du système communiste. Tout était à repenser, le travail, les études, le rapport à la politique, les relations privées, à la fois refuge vis-à-vis de l'État, mais également lieu de suspicions plus difficilement supportables que dans la vie publique... Les magasins perdaient même leurs produits traditionnels, rares mais familiers, au profit de marchandises venues de l'Ouest, abondantes, chères et déroutantes. Ancien ministre des Finances et de la Défense de Bonn, Hans Apel a accepté un cours de finances publiques à l'université de Rostock. Ses étudiants « se meuvent dans un pays étranger », dit-il. On leur demande autre chose qu'avant, quand le *diamat*, abréviation de l'allemand « matérialisme dialectique » était l'alpha et l'oméga de toute formation économique. « L'État-RDA s'estompe dans leur tête. Mais beaucoup de leur jeunesse demeure dans leur âme et jaillit de temps à autre dans leurs arguments. Et c'est bien ainsi. Ce serait affreux s'ils étaient aussi adaptés que maints spécialistes l'escomptent [9]. »

« C'est une rupture d'identité », écrit le psychologue et médecin-chef de la clinique psychothérapeutique de Halle (ex-RDA), Hans-Joachim Maaz, qui est devenu la coqueluche de la presse libérale ouest-allemande. « Nous sommes tombés dans un immense trou. Ça rend les gens nerveux et mécontents. Et l'agressivité augmente [10]. » Les relations entre les « Wessis » et les « Ossis » ne sont pas au beau fixe. Les premiers ont tendance à mépriser les seconds qui se complaisent parfois dans l'autodénigrement. Les sentiments des uns et des autres se confortent mutuellement. « Moins nous nous présentons sûrs de nous, bourrés de complexes et battus d'avance, plus vous vous sentez supérieurs, dominateurs et contents de vous, explique Hans-Joachim Maaz à une compatriote de l'Ouest. Et plus nous sommes geignards et paumés. » Il faudra du temps pour que des citoyens de l'ancienne RDA occupent des postes de responsabilité dans les grandes entreprises (ouest)-allemandes; leur qualification est insuffisante et surtout, dans la société occidentale fondée sur la compétition individuelle, il faut savoir jouer des coudes alors qu'à l'Est « l'adaptation » était considérée comme la première qualité. Beaucoup parmi les gens les plus ambitieux et les mieux formés avaient quitté l'Allemagne orientale, dès avant 1961 et la construction du Mur. C'est une des raisons pour lesquelles les postes politiques importants dans les nouveaux Länder sont occupés souvent par des Allemands de l'Ouest, le personnel de l'Est étant incompétent ou suspect d'avoir collaboré avec la police politique de l'ancien régime. *A contrario* un homme aussi populaire à l'Est que le social-démocrate Manfred Stolpe exclut d'être candidat à la présidence de la République en 1994; la situation n'est pas mûre, selon lui, pour qu'un « Ossi » accède à la magistrature suprême.

L'animosité des « Wessis » à l'égard des « Ossis » est d'autant plus vive qu'ils voient en ces derniers l'image de ce qu'ils étaient eux-mêmes au début des années cinquante, au sortir de la guerre. Ils retrouvent, mi-fascinés, mi-dédaigneux, les vertus ancestrales, l'ordre, l'obéissance à l'autorité, etc. chez leurs nouveaux compatriotes. Ils les voient confrontés à un passé peu glorieux, comme eux naguère, mais cette fois la tentation est grande pour les Allemands de l'Ouest de changer de rôle et de se mettre à la place du vainqueur, non plus de l'accusé.

Faut-il croire comme Manfred Stolpe que le fossé entre les deux parties de l'Allemagne va plutôt en s'élargissant [11]? En matière économique, les avis des experts sont partagés mais les discussions portent surtout sur la durée de la période de rattrapage et sur le coût de l'opération (les deux éléments ayant été largement sous-estimés par les dirigeants de Bonn), non sur la réussite finale. Les besoins sont immenses. Klaus von Dohnanyi les estime à 2 000 milliards de deutschemarks, à comparer avec l'effort actuel, qui n'est pas négligeable mais qui porte sur des transferts de 150 milliards par an, dont le gouvernement ne sait d'ailleurs pas comment il les financera à partir de 1993. Jusqu'à maintenant, il a joué à la fois des augmentations d'impôts et de l'accroissement du déficit budgétaire, provoquant le mécontentement des Allemands de l'Ouest et l'ire de la Bundesbank, gardienne de la stabilité et de la rigueur monétaires. En admettant que la croissance soit de 7,5 % par an sur le territoire de l'ancienne RDA, le PNB atteindra à l'Est le niveau actuel de l'Ouest en l'an 2007...

En attendant, l'effondrement de l'économie est-allemande se poursuit. En 1991, la production industrielle a baissé de 37 %. 400 000 entreprises ont été ouvertes depuis le début de 1990, mais la plupart dans les services et beaucoup depuis ont été fermées. Le travail, dans le secteur du bâtiment par exemple, ne manque pas; les maisons tombent en ruine, les appartements sont vétustes, les installations sanitaires élémentaires font défaut, etc. Mais la demande solvable est très faible et les subventions du gouvernement fédéral sont arrivées trop tard pour sauver de la faillite des artisans qui s'étaient lancés un peu à la légère. Il faudra cinq à dix ans pour créer un véritable tissu industriel; les petites et moyennes entreprises qui ont assuré le succès de l'économie ouest-allemande n'existent pas, et les grandes auront leur siège à l'Ouest. Comme le dit Manfred Stolpe, « nous sommes prêts à travailler dur, à condition qu'il y ait du travail [12] ».

Un emploi sur deux existant fin 1989 a été supprimé; beaucoup étaient inutiles, superflus ou redondants (la productivité est estimée au tiers ou à la moitié de ce qu'elle est à l'Ouest), mais près de

50 % de la population est maintenant au chômage total ou partiel [13]. Encore les chômeurs ne sont-ils pas, matériellement parlant, les plus à plaindre. Ils constituent le groupe social est-allemand dont les conditions sont les plus proches du groupe social correspondant à l'Ouest, alors que les salaires sont encore très inférieurs et ne devraient pas, théoriquement du moins, atteindre le niveau occidental avant 1994. Pendant ce temps, le coût de la vie a tendance à s'uniformiser. On parle du Mezzogiorno, mais dans le sud de l'Italie le niveau de vie est inférieur de moitié à celui de la Lombardie; dans les cinq Länder, il est le quart de celui de l'ancienne RFA. Certains pensent cyniquement que les chômeurs sont aujourd'hui mieux traités que les travailleurs dans le « premier État ouvrier et paysan sur le sol allemand ». Cela tient au fait qu'une grande partie des 150 milliards accordés par le gouvernement fédéral va aux prestations sociales, indemnités de chômage, retraites, etc. Ces transferts représentent 60 % du PNB est-allemand et ils bénéficient plus au soutien de la croissance à l'Ouest qu'au « décollage » à l'Est. En effet, les deux tiers des fonds sont utilisés à la consommation, donc à l'achat de produits fabriqués à l'Ouest (les importations sont plus élevées à l'Est que la production). Dans l'ensemble, ce sont d'ailleurs les Länder de l'Ouest et leurs entreprises qui profitent le plus de la politique de subvention suivie par Bonn [14].

Pour parer aux risques d'inflation, la Bundesbank a augmenté les taux d'intérêt; résultat: les Allemands de l'Ouest (ceux de l'Est ne sont pratiquement pas concernés) qui ont des bons du Trésor et des obligations ont empoché 45 milliards de deutschemarks en bonification d'intérêt. Si on rend les terres et usines nationalisées après 1949 à leurs anciens propriétaires, ceux-ci toucheront environ l'équivalent de 50 milliards, sans compter quelques dizaines de milliards de dédommagements pour les entreprises non restituées. Vice-président du SPD, le

Berlinois de l'Est Wolfgang Thierse a fait remarquer que dans ces conditions les Allemands de l'Est bénéficieraient peu de la répartition d'un capital qu'ils ont contribué à constituer pendant quarante ans. Après avoir été trompés par le socialisme, ils seront exclus du capitalisme populaire. Les déséquilibres dans la répartition de la fortune entre les deux parties de l'Allemagne ne peuvent donc aller qu'en s'aggravant. Un ménage est-allemand ne dispose pas, en moyenne, du cinquième des économies de son homologue de l'Ouest. C'est le résultat de quatre décennies de « développement séparé », mais la politique actuellement suivie n'aidera pas à combler le fossé.

« Le plus important, estime Kurt Biedenkopf, c'est que les gens aient le sentiment d'une amélioration [15]. » Le ministre-président de Saxe peut être rassuré tant il est vrai que 70 % de ses administrés se déclarent « optimistes », contre 62 % dans l'ensemble des cinq nouveaux *Länder* et 42 %, seulement, en Allemagne de l'Ouest. Mais la division économique n'est pas la plus grave ; si on y met les moyens – et la République fédérale n'en manque pas –, la situation de l'Est n'est pas désespérée. Après un peu plus d'un an d'unité, des signes encourageants apparaissent. Le visage des nouveaux *Länder* se transforme ; le paysage s'occidentalise, pour le meilleur et pour le pire... Il en va autrement de la coupure intellectuelle et psychologique que des milliards de deutschemarks ne parviendront pas à supprimer. Il est encore naturel que les Allemands de l'Est aient une idée de leur mode de vie différente de celle de leurs concitoyens de l'Ouest. Sevrés pendant quarante ans, ils ont un appétit de consommation qui paraît « rétro » aux « Wessis » plus soucieux de qualité de la vie, de vacances, de loisirs... Mais ils ont surtout une conception différente de l'histoire, de la démocratie, de la politique, laissant à penser que les traces de quarante ans de division ne seront pas facilement effacées.

Les deux mondes se séparent déjà sur le langage, la manière de parler, l'utilisation des concepts ; l'évolution de l'allemand a suivi des voies divergentes, plus anglicisé à l'Ouest, plus traditionnel à l'Est avec l'ajout de quelques clichés bureaucratiques. « Dans vingt ans, il y aura encore des cas où, après une heure de discussion animée, on pourra reconnaître quel interlocuteur a grandi en RDA et quel est celui qui a été élevé dans l'ancienne RFA [16]. » Les députés est-allemands arrivés au Bundestag après les élections communes de décembre 1990 ne comprenaient pas la langue parlée par leurs collègues occidentaux, par les services de l'Assemblée ou les appareils ministériels, non seulement le vocabulaire administratif mais les tics de langage forgés par quarante ans de vie parlementaire. Il est vrai qu'ils ne comprenaient pas non plus la politique comme leurs collègues. Ils se posaient des questions qu'on avait évacuées depuis longtemps dans la démocratie bonnoise : « Qu'est-ce au fond que faire de la politique ? » Beaucoup étant sortis du moule de l'Église évangélique avaient une conception biblique du débat partisan. Manfred Stolpe explique qu'il a beau essayer de comprendre que « l'adversaire politique » doit, par principe, avoir tort, il n'y parvient pas. Pris dans la machine de la démocratie représentative, les députés est-allemands ont comme un regret du « bon vieux temps », non certes de la démocratie formelle à la Honecker, mais de la RDA finissante, de l'époque de la Table ronde, « le bon temps de l'anarchie qui apparaît aujourd'hui à beaucoup comme l'heure de la démocratie authentique [17] ». Dans les conversations avec des parlementaires d'origine est-allemande appartenant à des partis différents, il est frappant de constater combien la solidarité « géographique » l'emporte dans les discours, les comportements, les prises de position, sur l'étiquette politique.

Ces caractéristiques se retrouvent dans l'ensemble de la société est-allemande dans son attitude vis-à-vis de la démocratie. Les études d'opinion faites parallèlement depuis 1989 en « RDA » et en « RFA » montrent la persistance des clivages. La directrice de l'Institut Allensbach qui a mené des enquêtes à l'Ouest depuis 1949 rappelle qu'il a fallu attendre le début des années soixante-dix pour constater dans les sondages une adhésion massive sans équivoque des Allemands de l'Ouest à la démocratie. Le processus risque d'être aussi long dans l'ex-RDA.

Bien sûr, les Allemands de l'Est se déclarent partisans de la démocratie quand la question leur est posée globalement. Si en revanche on les interroge sur leur attitude vis-à-vis de la démocratie « telle qu'elle existe en RFA », ils ne sont plus que 31 % à l'approuver en juillet 1991 contre 42 % en novembre 1990 (et 80 % à l'Ouest). Il n'y a pas de différence significative selon les âges, mais les Allemands de l'Est proches de la démocratie-chrétienne ont une attitude plus positive que les autres. Suivant Frederick D. Weil, qui fit jadis une étude sur la RFA [18], la responsable d'Allensbach estime que cette identification avec l'ordre démocratique plus forte de la part des électeurs du parti au pouvoir est un signe « d'immaturité » de la démocratie. Selon Weil, trois éléments permettent d'arriver à une démocratie « mature » : l'équilibre entre le parti au gouvernement et l'opposition – il est en bonne voie, le SPD devançant maintenant à l'Est la CDU dans les sondages ; l'expérience de la stabilité et de la sécurité – elle reste à faire dans l'ex-RDA où le chômage et la criminalité ont tendance à augmenter ; et un climat général de confiance, qui fait encore largement défaut. Il est intéressant de noter aussi qu'une majorité d'Allemands de l'Est considèrent que le socialisme et le communisme sont de bonnes idées qui ont été mal appliquées et que la fin de la RDA n'est pas un échec du socialisme mais une sanction contre des politiciens incapables. Les enquêtes donnent des résultats inverses parmi les Allemands de l'Ouest [19].

Cette différence entre Allemands de l'Est et Allemands de l'Ouest devant les événements actuels trouve sans doute sa source dans leurs attitudes vis-à-vis de l'Histoire, de leur histoire particulière et de l'histoire allemande en général. Depuis des années un groupe d'études sur la « question allemande » travaille sur ce sujet à l'université de Mayence, sous la direction de Werner Weidenfeld [20]. La coupure commence avec les interrogations sur l'identité. Dans les années cinquante en RFA, l'affirmation la plus souvent entendue était : « Nous sommes de nouveau quelqu'un ! », manifestation d'un sentiment de confiance dans la respectabilité retrouvée après l'opprobre de la période nazie. Dans les années quatre-vingt, une question domine : « Qui sommes-nous donc ? », parce que la fin des années soixante et les années soixante-dix ont été le temps de la remise en cause, de la quête d'une identité par rapport à un passé ineffaçable. Dans la conscience historique des Allemands de l'Est au contraire, le national-socialisme a perdu toute signification. D'autres références occupent sa place. Ce sont les conditions de vie dans l'ancienne RDA qui sont déterminantes. Pour plusieurs raisons : parce que la « maîtrise du passé », si douloureuse en RFA, a été en RDA « institutionnalisée », et en quelque sorte rendue obligatoire par le régime ; parce que les Allemands de l'Est ont le sentiment d'avoir payé pour le nazisme ; et enfin parce que toutes les générations de RDA ont fait l'expérience de la dictature – nazie puis communiste – alors qu'en RFA seules les plus âgées l'ont connue.

Face à la RDA et à son régime, les générations ne réagissent pas de la même façon. Les Allemands de l'Est les plus âgés, qui ont connu la guerre, se sentent dépassés et terrassés par l'Histoire. C'est une « génération perdue » qui a vécu par deux fois l'effondrement de son mode de vie. Les plus jeunes sont les seuls à ne pas regretter la disparition de la RDA, même s'ils ont le sentiment d'avoir été trahis, non seulement par un « système » anonyme, mais par leurs éducateurs et leurs parents. Comme la génération de 1968 en Allemagne de l'Ouest. Au contraire, la « génération 68 » en RDA se sent profondément liée à l'histoire de cet État, même si dans sa grande majorité elle ne s'est pas identifiée à lui. C'est une de ces « asynchronies » caractéristiques de l'état de développement des deux parties de l'Allemagne [21].

D'autres décalages apparaissent dans le jugement porté sur l'histoire contemporaine. Par exemple, Konrad Adenauer est considéré, dans toute l'Allemagne, comme un grand homme d'État, mais à l'Est, on ajoute que c'est un « séparatiste » qui a contribué à approfondir la division du pays. Seuls les vieux de RFA ont une image entièrement positive des États-Unis ; chez les jeunes de l'Ouest et dans l'ensemble de la population des nouveaux *Länder*, l'appréciation est mitigée, voire négative. Werner Weidenfeld tire de ces constatations et de beaucoup d'autres la conclusion que dans un avenir proche un rapprochement entre les deux parties de l'Allemagne est possible dans les domaines économique et social, mais qu'il faut s'attendre en revanche à une « aggravation des oppositions mentales » entre des Allemands qu'aucun rideau de fer ne sépare plus.

La déchirure au cœur de l'Allemagne, symbolisée par les traces laissées à Berlin par le Mur, dont les urbanistes et les politiques ne savent que faire – les effacer pour tirer un trait sur le passé ou en conserver quelques-unes pour préserver la mémoire ? –, pourrait provoquer ce que le régime communiste n'a jamais réussi : faire naître une « identité » est-allemande qui apparaîtrait ainsi après coup, au moment où l'objet de l'identification même aurait disparu. Cette identité tard venue n'est-elle qu'une chimère d'intellectuels qui, avec la fin de la RDA, ont perdu la petite « niche » d'où ils pouvaient avoir l'audace de critiquer le régime tout en bénéficiant des privilèges accordés aux détenteurs de deutschemarks (qu'ils recevaient de leurs éditeurs ouest-allemands)? Il ne s'agit pas, bien entendu, de glorifier le régime passé, même si quelques livres commencent à paraître avec des analyses nuancées, où le mythe de l'antifascisme, de la RDA comme incarnation de l' « autre Allemagne », l'Allemagne progressiste, celle qui avait toujours été refoulée par les Junkers, par la bourgeoisie sous Weimar puis par le national-socialisme, revient en force. Ou encore avec des tentatives de distinguer entre les intentions louables du début et les « déformations » postérieures. « Une fin misérable ne préjuge en rien de débuts prometteurs », écrit par exemple Hans Mayer, un exilé antinazi revenu en Allemagne de l'Est après la guerre [22]. Avant, l'identité est-allemande était un élément de la propagande communiste à laquelle personne ne croyait; elle revient, dit l'écrivain d'origine est-allemande Günter Kunert, « purifiée et nettoyée; son visage s'est notoirement transformé et ne porte plus les traits de Mielke (le chef de la police politique) ou d'Honecker, mais la mine amicale d'une éducatrice sévère mais juste, qui voulait le bien de ses enfants mais qui malheureusement a échoué, même si ce n'est pas par sa faute [23] ». Comme le montrent les enquêtes d'opinion dans l'ex-RDA, cette idée n'est pas l'apanage des écrivains et autres artistes qui ont profité d'une position ambiguë sous le régime communiste.

Faut-il pour autant tenter de conserver cette coupure entre les deux parties de l'Allemagne, comme le suggère le dramaturge Heiner Müller? Ou ne vaut-il pas mieux chercher à combler le fossé comme le pense Günter Kunert qui dénonce la « légende » de l'identité est-allemande. Un autre écrivain de l'ex-RDA, Günter De Bruyn, remarque que pour nombre d'intellectuels qui auraient voulu non pas l'unité mais une « meilleure RDA » et qui en viennent presque à regretter la chute du Mur, celui-ci était déjà depuis longtemps au moins entrouvert. En critiquant la réunification sinon dans son principe, en tout cas dans ses modalités, ils courent le risque de se solidariser avec leurs censeurs d'hier, les fonctionnaires de la littérature qui n'arrêtent pas de tenter de se justifier [24].

Essayer de refermer la déchirure qui a couru pendant quarante ans au cœur de l'Allemagne ne signifie pas vouloir couler tout le monde dans le même moule, imposer la culture, le mode de vie de l'Occident, à une population qui a une histoire différente et qui cherche ses propres racines, et l'obliger à « jeter toute sa vie aux orties [25] ». Député de Bündnis 90, le mouvement héritier des contestataires de l'automne 1989, Konrad Weiss fait une profession de foi de Berlinois de l'Est : « Je suis un Berlinois de l'Est et le serai toujours, dit-il. Ce que je suis, je le suis devenu là-bas. Ce n'est pas une tare d'être Allemand de l'Est. A Berlin-Est, j'ai perdu la peur du pouvoir. Là-bas ont brûlé les bougies, là-bas a grandi notre petite résistance, plus tôt que partout ailleurs dans le pays. Ce Berlin est une ville de l'espoir [26]. »

Sans doute l'Allemagne a-t-elle toujours été multiple, jamais homogène, toujours constituée de *Heimat* (patrie au sens régional voire local du terme), méfiantes les unes par rapport aux autres. Kurt Biedenkopf explique que, avant la guerre, quand ses parents durent quitter Ludwigshafen sur les bords du Rhin pour s'installer à Mersebourg en Saxe-Anhalt, ils pensaient que c'était comme aller en Sibérie. Sous le Reich déjà, on parlait de trois pays allemands différents : le *Weinland* à l'Ouest, le *Bierland* au centre et le *Schnapsland* à l'Est [27] ; les tensions Est-Ouest étaient autant intérieures qu'extérieures, entre l'Ouest industrialisé et l'Est agricole, entre les catholiques et les protestants, etc. La différence, cette fois, c'est qu'une Allemagne occidentale puissante a absorbé politiquement et économiquement une Allemagne orientale désorganisée et sous-développée, et qu'elle l'annexerait bien aussi intellectuellement et psychologiquement, si l'autre partie ne trouvait pas le moyen de faire valoir ses droits. Ceux qui se sont levés, fût-ce tardivement, contre le régime Honecker, revendiquent la possibilité de conserver non une pseudo-identité est-allemande qui serait un nouveau leurre, mais leur histoire et leurs racines. Ils demandent surtout que les Allemands de l'Ouest consentent à les écouter, qu'ils comprennent qu'à l'Est, ils ont payé plus que les autres pour les crimes d'Hitler et pour la guerre froide. Le tour des Allemands de l'Ouest n'est-il pas venu de faire quelques sacrifices ? « Si l'on n'avait pas échangé Berlin-Ouest contre la Thuringe, celle-ci serait aussi florissante aujourd'hui que le Bade-Wurtemberg », dit le pasteur Konrad Elmer, lui aussi député au Bundestag, membre du groupe SPD [28]. Il n'oublie pas que la RFA a beaucoup donné pour Israël et les survivants de l'Holocauste, ce que la RDA a toujours refusé jusque dans ses derniers jours d'existence démocratique. Il n'en reste pas moins que s'affirmer Européens, comme le font certains jeunes députés ouest-allemands, champions de la nouvelle « démocratie bonnoise », pour pouvoir oublier l'Allemagne de l'Est, revient à commettre un déni de justice, car « tous ceux qui, à la suite d'une faute commune à tous les Allemands, ont dû vivre sous une dictature – avec tous les traumatismes psychologiques, sociaux et économiques – ne doivent pas rester plus longtemps des citoyens de seconde classe dans une société qui se veut juste ».

A l'Ouest, on a tendance à minimiser ce malaise et ces interrogations pour parier sur une intégration rapide dont on espère qu'elle n'affectera que superficiellement le mode de vie des Allemands de l'ancienne République fédérale. Ils devront payer plus d'impôts pour couvrir les frais de la réunification : ça leur paraît déjà beaucoup. Le débat fondamental sur la nature de la nouvelle Allemagne née de la rencontre de la RFA et de la RDA a d'ailleurs été soigneusement esquivé, jusqu'à la discussion parlementaire sur la capitale administrative, Bonn ou Berlin. Le choix de Berlin a clairement montré que s'il était trop tôt pour tirer un trait sur la République bonnoise, douillette et modeste, le centre de gravité de l'Allemagne s'était déplacé vers l'Est. « Bonn est très loin de l'Allemagne », a dit l'ancien pasteur de Rostock Joachim Gauck, maintenant responsable de l'organisation chargée de trier les archives de la Stasi. Alors que Berlin, c'est l'Allemagne, puisque l'écrivain Theodore Fontane prétendait que « à vrai dire, devant Dieu, tous les hommes sont Berlinois ».

Peut-être l'Allemagne n'est-elle en réalité ni à Berlin ni à Bonn, ni à l'Est ni à l'Ouest, ni d'un côté ni de l'autre du Mur-béton ou du Mur-symbole, mais dans l'intervalle, comme le héros de Peter Schneider : Robert, « se méfiant d'une identité hâtive que les deux États allemands lui offrent, ne se trouve bien qu'à la frontière [29] ». Les deux États allemands n'en font plus qu'un, mais l'Allemagne, comme Robert, est toujours « en suspens ».

NOTES

1. *Die Welt*, 2 octobre 1991.
2. Peter Süskind, *Deutschland, eine Midlife-crisis*, dans *Angst vor Deutschland*, Hoffmann und Campe, Hambourg, 1990.
3. *Die Zeit*, 10 mai 1991.
4. La *Treuhandanstalt* est l'institution chargée de privatiser les entreprises est-allemandes, en les restructurant et en les revendant.
5. Klaus von Dohnanyi, *Das deutsche Wagnis* (Le coup d'audace allemand), Verlag Droemer, Munich, 1991.
6. Robert Barro, professeur d'économie à Harvard, dans le *Wall Street Journal* du 7 mai 1991.
7. Christoph Dieckmann dans *Die Zeit* du 3 octobre 1991.
8. *Frankfurter Allgemeine Zeitung*, 28 septembre 1991.
9. *Die Zeit*, 30 août 1991.
10. Entretien avec le *Süddeutsche Zeitung Magazin*, 16 août 1991.
11. *Der Spiegel*, 29 avril 1991.
12. *Ibid.*
13. Les Allemands ont inventé l'expression « travail à temps partiel égal à zéro » *(Kurzarbeit Null)*.
14. *Die Zeit*, 3 octobre 1991.
15. *Financial Times*, 13 septembre 1991.
16. Roman Herzog, président de la Cour constitutionnelle de Karlsruhe, entretien avec *Der Spiegel*, 22 avril 1991.
17. *Die Zeit*, 16 avril 1991.
18. Frederick D. Weil, *Post-Fascist Liberalism. Development of Political Tolerance in West Germany Since World War II* (Le libéralisme post-fasciste. Le développement de la tolérance politique dans l'Allemagne occidentale depuis la Seconde Guerre mondiale), Harvard University, 1981.
19. Toutes ces données sont tirées d'un article d'Elisabeth

Noelle-Neumann, directrice de l'Institut Allensbach dans le *Frankfurter Allgemeine Zeitung*, 30 septembre 1991.

20. Félix Lutz a exposé le résultat de ces travaux lors d'un colloque dont a rendu compte le *Frankfurter Allgemeine Zeitung* du 25 novembre 1991.

21. *Die Zeit*, 3 octobre 1991.

22. Hans Mayer, *Der Turm von Babel. Erinnerung an eine Deutsche Demokratische Republik* (La tour de Babel. A la mémoire d'une République démocratique allemande), Suhrkamp, 1991. Cité par Bernard Genton, *Le Monde* du 1er novembre 1991.

23. *Frankfurter Allgemeine Zeitung*, 11 décembre 1991.

24. *Ibid.*, 23 octobre 1991.

25. Stefan Heym, entretien avec *Die Zeit*, 6 décembre 1991.

26. *Frankfurter Allgemeine Zeitung*, 11 décembre 1991.

27. Le pays du vin, le pays de la bière et le pays du schnaps (alcool à base de pommes de terre). Cité par Arnulf Baring, *Deutschland, was nun?* (L'Allemagne, et maintenant?), Siedler Verlag, Berlin, 1991.

28. *Frankfurter Allgemeine Zeitung*, 23 septembre 1991.

29. Anne-Marie Le Gloannec, *La Nation orpheline. Les Allemands en Europe*, Calmann-Lévy, Paris, 1989.

Chapitre 7

UNE NOUVELLE POLITIQUE

Pour la « nation tard venue [1] », la deuxième unité s'est produite trop tôt et trop vite. Le processus d'unification entre la RFA et la RDA n'est pas encore achevé que Saddam Hussein envahit le Koweït, provoquant la riposte des nations occidentales. Avant d'avoir eu le temps de comprendre les changements qu'induit la réunification quant à sa place dans le monde, son statut international et donc sa politique extérieure, la nouvelle Allemagne est sommée de prendre position dans un conflit déroutant. Il n'entre pas en effet dans les catégories Est-Ouest dans lesquelles, depuis plus de quarante ans, le gouvernement de Bonn a eu l'habitude de penser sa diplomatie.

« C'est certainement un malheureux hasard historique pour les Allemands qu'ils n'aient pas eu l'occasion, après l'unification obtenue rapidement de manière inattendue, de redéfinir, dans un processus calme et ordonné, le rôle de l'Allemagne unie dans la politique mondiale, mais qu'ils aient dû s'adapter dans les conditions dramatiques d'une guerre aux conséquences incalculables pour la politique internationale », écrit Karl Kaiser [2], pour expliquer le désarroi du gouvernement fédéral.

Toutes les justifications possibles et imaginables ont été apportées : la campagne électorale pour le premier scrutin panallemand du 2 décembre 1990, ensuite la formation du gouvernement, la sous-estimation par le ministère des Affaires étrangères des effets de l'invasion du Koweït, la reprise pourtant timide des manifestations pacifistes, voire les limites fixées par la Loi fondamentale à l'intervention de soldats allemands en dehors de la zone couverte par l'OTAN. Il n'empêche que le chancelier et son ministre des Affaires étrangères ont été totalement pris au dépourvu et ont éveillé chez leurs alliés le soupçon qu'une fois la réunification achevée, la solidarité occidentale n'aurait pas le même prix pour les Allemands.

L'année suivante, dans la crise yougoslave, Bonn a de nouveau donné l'impression que l'action collective des Européens lui importait moins que l'affirmation d'une politique indépendante. Le résultat fut le même que dans la crise du Golfe, si les prémices étaient totalement opposées. L'Allemagne était prête à faire cavalier seul pour la reconnaissance de la Slovénie et de la Croatie, faute d'avoir pu forcer la main de ses partenaires. Il ne s'agissait plus de retenue mais d'activisme, au moins diplomatique, en déphasage total par rapport à ses alliés occidentaux.

Les deux exemples doivent être considérés avec précaution. La pauvre performance de la diplomatie allemande pendant la crise et la guerre du Golfe tient plus à l'incapacité des dirigeants allemands, gouvernement et opposition confondus, à penser leur identité internationale qu'à la mise en œuvre d'une politique cohérente. Dans l'affaire yougoslave aussi, les éléments conjoncturels ont joué un rôle plus important que la volonté de s'imposer. Les Allemands raillent et envient à la fois la diplomatie française qui ne se pose pas de question théologique : la France mène, en tout cas depuis de Gaulle, une politique qu'elle veut conforme à son rang de grande puissance. Qu'elle en ait ou non les moyens, c'est une autre question. Au moins a-t-elle une ambition.

L'Allemagne aurait les moyens, elle n'a pas d'ambition internationale. Mieux : jusqu'à la réunification, elle se refusait à en avoir d'autre que l'amélioration des rapports Est-Ouest dans laquelle elle voyait la promesse d'une vie un peu meilleure pour ses enfants coincés entre l'Elbe et l'Oder-Neisse. Il n'y a plus de « niche confortable [3] » qui permette de se retirer de la politique mondiale et de s'en remettre à d'autres – puissances occupantes puis alliées – pour sa sécurité et son destin.

L'unité agit de manière contradictoire. Ayant recouvré sa souveraineté pleine et entière, bénéficiant d'une situation économique exceptionnelle et d'une monnaie forte, l'Allemagne n'est plus ce « nain politique » et ce « géant économique » dont avait jadis parlé Helmut Schmidt. Les limitations de souveraineté étaient juridiquement minimes, mais politiquement pesantes ; la RFA pouvait se permettre de « marquer une pause » sur la scène mondiale [4]. Désormais, elle est la troisième puissance du monde, qu'elle le veuille ou non, et cette situation lui crée des droits et des devoirs. Dès avant l'unification, elle occupait même la deuxième place au Fonds monétaire international, après l'augmentation de ses quotas. Mais les Allemands profiteraient-ils de leur position remarquable pour mener une politique étrangère indépendante, que des voix ne tarderaient pas à s'élever, à l'Ouest comme à l'Est, pour dénoncer le renouveau de l'impérialisme, les résurgences du nationalisme et la volonté de domination. S'ils ne font rien, les Allemands seront taxés d'égoïsme ; s'ils sont trop actifs, ils seront soupçonnés des pires desseins.

C'est ce dilemme qui explique en grande partie la modestie affichée par le gouvernement de Bonn. Mais cette attitude n'est pas tenable très longtemps. Les événements internationaux sollicitent des prises de position, voire des interventions. Et ce profil bas lui-même finit par apparaître suspect aux voisins et amis de l'Allemagne qui y voient une manière hypocrite de masquer une force par ailleurs évidente.

Rien n'y fait ; l'Allemagne ne peut pas échapper à

son destin. Il lui faut répondre aux questions que sa puissance économique, sa situation géopolitique, son histoire même, lui posent. Aussi difficile qu'il soit de déterminer une politique conforme aux réalités démocratiques d'aujourd'hui, sans faire table rase des ombres du passé. Le débat qui s'est amorcé en Allemagne ne sépare pas la gauche de la droite. Il divise à l'intérieur d'eux-mêmes les deux mouvements. Au nom du passé et de sa maîtrise *(Vergangenheitsbewältigung)*, les uns pensent que la nation ne doit pas s'enfoncer dans la mortification, mais que, consciente des crimes des pères, elle doit assumer pleinement ses obligations ; les autres estiment que l'Allemagne ne peut pas avoir une politique étrangère « normale » parce qu'elle n'est pas un État « normal » ; qu'elle a au contraire, du fait de son passé, une mission particulière à remplir.

« Les Allemands poursuivraient, avec l'accord de leurs partenaires, une politique antitraditionnelle, propose non sans angélisme le social-démocrate Peter Glotz : pas d'exportation d'armes, pas d'engagement militaire *out of area* (c'est-à-dire en dehors de la zone de l'OTAN), plus de financement d'entreprises de guerre, mais la défense de notre propre région, un corps de la paix efficace (...), de gros investissements pour la reconstruction et pour la stabilisation écologique de ce monde menacé, un engagement particulier en faveur des organisations internationales et d'un État de droit à l'échelle mondiale [5]. »

Tout ceci est très sympathique et bien fait pour ne pas réveiller les fantômes de l'histoire, mais les conséquences de cette attitude « antitraditionnelle » risquent aussi d'être redoutables car elles peuvent mener à un refus de se laisser entraîner dans des conflits, de prendre position, qui ressemble fort à la politique de Ponce Pilate.

Entre « l'abstention », critiquée par Willy Brandt [6], et la politique de grande puissance redoutée par d'autres sociaux-démocrates, il y a une marge de manœuvre que les dirigeants et les intellectuels allemands qui participent à ce débat peuvent utiliser. Brigitte Seebacher-Brandt n'y va pas par quatre chemins. Quand les Allemands refusent tout engagement dans le monde, les autres Européens deviennent méfiants. Et de citer François Mitterrand : pour lui, qui est, dit-elle, « plus Français qu'Européen », qui pense plus en catégories nationales que communautaires, c'est la chose « la plus naturelle du monde » qu'un État, en l'occurrence l'Allemagne, « saisisse l'occasion de l'histoire ». Évidemment ce qui est naturel n'est pas nécessairement plaisant et Brigitte Seebacher-Brandt considère qu'une Allemagne divisée était « plus agréable pour la France » qu'une Allemagne unie. Mais « nos voisins comptent sur le poids de l'Allemagne et orientent leur politique européenne en fonction de celui-ci, que ce soit raisonnable ou non [7] ».

C'est aussi une opinion largement répandue dans la démocratie chrétienne. Il faut « changer les critères », explique Hans-Joachim Veen, directeur de l'institut de recherche de la fondation Konrad-Adenauer et conseiller de la CDU pour la politique étrangère : « La République fédérale doit comprendre que la force militaire est un instrument de la politique étrangère. L'Allemagne ne peut plus se tenir en dehors des conflits. Nous devons enfin devenir un peuple normal [8]. » Max Weber n'est pas loin qui, à propos de la première unité allemande et quelques années après le départ de Bismarck, craignait que l'unité « n'ait été qu'une folie coûteuse (...) Elle aurait mieux fait de s'abstenir si cela devait marquer la fin et non le début d'une politique allemande de puissance mondiale [9] ».

En Allemagne, nul ne parle d'une « politique de puissance mondiale », mais les adversaires du *Sonderweg*, le chemin particulier, qui a des justifications historiques mais qui conduisit aussi dans le passé à des catastrophes, font valoir que la RFA, contrairement aux représentations de certains hommes politiques – et Hans Dietrich Genscher est souvent visé par les critiques de la CDU – ne vit pas dans un monde idyllique, que la fin de la tension Est-Ouest n'est pas une garantie de paix éternelle pour l'Europe. D'autres conflits menacent : renaissance du nationalisme, coupure entre l'Europe des riches et l'Europe des pauvres, batailles pour les sources d'approvisionnement en matières premières.

L'Allemagne ne peut pas se reposer entièrement sur les autres, attendre que ses alliés aient fait « le sale boulot », comme pendant la guerre du Golfe. Une Allemagne « repue », selon l'expression de l'écrivain Joseph von Westphalen, se contentant de verser quelques milliards de deutschemarks en faveur de l'entreprise commune. Cette « diplomatie du chéquier » a en effet été assez mal reçue au Proche-Orient quand, face aux critiques dont il était l'objet, le gouvernement de Bonn a décidé d'envoyer son ministre des Affaires étrangères distribuer quelques apaisements sonnants et trébuchants en Israël et dans les pays arabes de la coalition anti-Saddam Hussein.

Tout serait plus simple si les mêmes alliés qui critiquent la réserve allemande (en particulier dans la crise du Golfe) n'avaient pas été prêts à s'indigner si des soldats allemands étaient allés guerroyer en dehors des limites de l'Alliance atlantique. On aurait alors vite fait de ressortir les vieilles images du passé. Comme le dit le président von Weizsäcker, « le monde n'a pas du tout envie de constater à nouveau que les Allemands peuvent être de bons soldats [10] ».

C'est un peu la quadrature du cercle. Si l'Allemagne donne l'impression de se tenir à l'écart, on la traite d'ingrate. Les États-Unis ont notamment manifesté leur mauvaise humeur quand Bonn a hésité à envoyer quelques chasseurs pour renforcer la défense de la Turquie menacée par les Irakiens. « C'est précisément la nation qui pendant quarante ans a été la plus dépendante du devoir d'assistance prévu par le traité de l'OTAN qui voulait y réfléchir à trois fois pour savoir si elle pouvait échapper au même devoir vis-à-vis de la Turquie [11].

Si elle aspire à prendre des responsabilités internationales, on a vite fait de lui rappeler que, tout de même, elle a perdu la guerre. Quand, un peu rapidement, quelques responsables allemands ont évoqué l'hypothèse d'un changement de composition des membres permanents du Conseil de sécurité de l'ONU, ils ont été rapidement remis à leur place.

L'invocation du passé ne suffit pas à définir une politique. Au nom de la responsabilité qu'ils ressentent toujours aujourd'hui vis-à-vis du peuple juif, des Allemands – surtout à gauche – estiment que la défense d'Israël est un devoir de la communauté internationale auquel doit participer l'Allemagne. Au nom du même passé, d'autres – tout aussi bien intentionnés – considèrent au contraire que l'Allemagne doit condamner tout recours aux armes et se placer du côté des victimes d'aujourd'hui : les Palestiniens. Ainsi a-t-on vu dans la polémique sur le « nationalisme feuilletoniste » un social-démocrate reprocher à un rédacteur du journal « alternatif » de Berlin *Tageszeitung* de prendre « unilatéralement » parti pour Israël menacé par les Scud irakiens [12].

Personne à l'étranger n'a souhaité et encore moins demandé que des soldats allemands se battent dans les sables du Koweït, mais ce que les Américains appellent la « fidélité à l'Alliance » réside dans le respect du principe suivant : contribuer à la sécurité des Alliés, dans la mesure de ce que l'on attend d'eux pour sa propre défense. Autrement dit, les États-Unis n'attendent pas de remerciements des Allemands pour la part qu'ils ont prise à la défense de la RFA et de Berlin et pour l'activité qu'ils ont menée en faveur de la réunification, ils comptent « sur la disponibilité des Allemands à se sentir de la même manière coresponsables de la sécurité d'autres nations [13] ». C'est en ce sens que le président Bush a appelé les Allemands à un « partenariat dans la direction » des affaires internationales, dans son discours de Mayence, le 31 mai 1989, parce que Washington voit toujours en l'Allemagne son meilleur allié européen, plus puissant que la Grande-Bretagne et plus constant que la France. Les dirigeants allemands pensent d'ailleurs qu'il faut profiter de la présence de George Bush à la Maison-Blanche pour redéfinir les relations transatlantiques. Dans leur rôle traditionnel « d'honnête courtier » entre la France et l'Alliance atlantique, ils se sont employés à faire en sorte que ni la réforme de l'OTAN ni le développement de ses liens avec les pays de l'Est ne soient ouvertement contraires aux vœux de François Mitterrand.

Le gouvernement de Bonn aurait-il voulu participer plus activement et plus directement à la guerre du Golfe qu'il en aurait été empêché, à la fois par des considérations pratiques et par des raisons de politique, non seulement extérieure mais aussi intérieure. Si l'on en croit les confidences faites par Klaus Naumann, inspecteur général de la Bundeswehr, l'armée allemande n'aurait guère été en mesure d'apporter un appui déterminant aux forces alliées : ses forces terrestres étaient insuffisantes parce que deux classes venaient juste d'être libérées, et la brigade que Bonn aurait pu éventuellement envoyer aurait dû s'entraîner « des semaines, voire des mois » dans les sables avant d'être opérationnelle. « Expédier des Tornado là-bas semble très simple, explique le général Naumann, mais notre logistique est prévue pour un engagement en Europe centrale. Le plus facile aurait été d'utiliser la marine, mais c'est ce dont on avait le moins besoin, et encore nos bâtiments ne sont-ils pas suffisamment équipés en matériel de défense anti-aérienne [14]. »

Les raisons politiques, ensuite. Au sein même de la coalition, les avis étaient partagés à l'époque quant à une intervention *out of area*, c'est-à-dire en dehors de la zone couverte par le traité de l'Atlantique Nord. Certains chez les libéraux, d'accord avec l'opposition sociale-démocrate, affirmaient que la Constitution interdisait un tel engagement, y compris sous la bannière de l'ONU. Hans Dietrich Genscher partageait cette opinion mais, face aux critiques dont il était l'objet de la part de la droite de la démocratie-chrétienne, il évolua pour se déclarer partisan d'une éventuelle intervention dans les forces de paix des Nations unies.

Président de la Société allemande de politique étrangère, Karl Kaiser voit deux raisons dans le refus allemand, au moment de la guerre froide, de participer à des conflits : ceux-ci avaient tous alors un aspect Est-Ouest et la RFA risquait de se trouver impliquée, même indirectement, dans le camp opposé à l'URSS, ce qui aurait pu permettre à cette dernière d'exercer un chantage sur elle ; deuxièmement, l'Histoire lui commandait une certaine retenue. Ces deux raisons ont aujourd'hui disparu, estime Karl Kaiser.

Parmi les chrétiens-démocrates qui soutiennent qu'il n'est juridiquement nul besoin de modifier la Loi fondamentale, certains, comme le professeur de droit et ancien ministre de la Défense Rupert Scholz, considèrent cependant que pour des raisons politiques cette modification est souhaitable et inévitable. Pour obtenir la majorité qualifiée nécessaire à une réforme de la Constitution, il faut l'appui du SPD, ce qui implique que la définition d'une nouvelle politique ne peut être une affaire partisane, mais doit être approuvée par une large majorité d'Allemands. « Nous sommes pour la paix, dit Rupert Scholz, et c'est pourquoi nous sommes prêts à prendre plus de responsabilité internationale. Y compris au risque qu'un soldat allemand y laisse éventuellement sa vie [15]. »

Les militaires, peut-être échaudés par le tableau peu encourageant tracé par le général Naumann, n'ont pas attendu que les hommes politiques prennent des décisions pour envisager toutes les hypothèses, c'est-à-dire la participation allemande à la gestion d'une crise internationale. L'armée de terre, la marine, l'aviation se sont préparées à des interventions *out of area* : « A côté des exercices (...) l'entraînement aux tâches, droits et devoirs du soldat de l'ONU peut à l'avenir faire partie des obligations », précise le magazine de la Bundeswehr [16].

Bien que la discussion soit loin d'être close, il est possible de tracer une esquisse de ce que pourrait être la diplomatie allemande post-réunification. Son inspiration est fondamentalement pacifique, pour ne pas dire pacifiste. Devant l'Assemblée générale des Nations unies en 1990, Hans Dietrich Genscher a affirmé solennellement : « Du sol allemand ne doit plus sortir que la paix », reprise renforcée d'une phrase de Willy Brandt : « Du sol allemand ne doit plus jamais sortir la guerre. » Les critiques du ministre des Affaires étrangères voient dans ces deux formulations une différence fondamentale, celle qui sépare un homme qui veut la paix à tout prix de celui qui refuse d'être à l'origine de la guerre.

Quoi qu'il en soit, c'est un rejet clair et net du militarisme allemand. A la fin du processus d'unification, le gouvernement s'est d'ailleurs engagé à réduire ses forces armées à 370 000 hommes et à ne jamais fabriquer ou posséder des armes dites ABC (atomiques, biologiques et chimiques). Le deuxième point était acquis depuis longtemps, mais le premier a été déterminant pour l'acceptation par les Soviétiques du maintien de l'Allemagne unie dans l'OTAN.

Karl Kaiser a ainsi défini la stratégie militaire de l'Allemagne unifiée : « Certes, la dissuasion nucléaire restera nécessaire pour rendre la guerre impossible et comme assurance contre une régression de la politique de la puissance nucléaire orientale (il pensait alors à l'URSS, mais la remarque vaut pour la Russie); cependant les armes nucléaires auront à l'avenir avant tout une fonction politique dans le cadre d'une stratégie de contrôle progressif des conflits. Pour cette tâche, on n'aura pas besoin à moyen terme de la présence permanente, en temps de paix, d'armes nucléaires tactiques sur le sol allemand, mais, pour les temps de crise, on aura besoin d'une capacité partagée également par les Allemands de reconstruire à temps un potentiel stratégique [17]. »

Les termes sont suffisamment ambigus pour qu'une dénucléarisation totale de l'Allemagne soit à la fois évoquée sans être explicitement prévue, puisque les Allemands devront « partager » la capacité stratégique éventuelle. Karl Kaiser se montre d'ailleurs partisan d'une politique de défense et de sécurité européenne « avec toutes les conséquences qui en découlent ». Le principe est affirmé mais les propositions concrètes manquent encore. L'Allemagne a besoin des trois organisations internationales couvrant l'Europe, auxquelles elle participe, pour traiter avec ses trois principaux interlocuteurs : l'OTAN pour les États-Unis, la CEE pour la France, la CSCE pour Moscou.

L'orientation européenne reste toutefois fondamentale pour l'Allemagne nouvelle. Dans un discours prononcé au Sénat français en janvier 1991, le chancelier Kohl a particulièrement insisté sur l'engagement de son gouvernement en faveur de l'Europe unie. C'était, il est vrai, le but de l'exercice. Chaque fois, les déclarations en faveur de l'intégration de l'Europe des Douze accompagnaient (compensaient?) un progrès de la réunification. Il ne s'agit évidemment pas de juger la politique allemande uniquement sur des déclarations d'intention. Fin 1989, au Conseil européen de Strasbourg, François Mitterrand a arraché à Helmut Kohl un accord sur le calendrier de l'Union monétaire et de l'Union politique, en contrepoint, en quelque sorte, du discours que le chancelier venait de prononcer sur l'unité allemande. Le communiqué de Strasbourg indique d'ailleurs noir sur blanc que l'unification de l'Allemagne « doit se réaliser pacifiquement et démocratiquement dans le respect des accords et traités et de tous les principes définis par l'Acte final d'Helsinki dans un contexte de dialogue et de coopération. Elle doit également se situer dans la perspective de l'intégration européenne [18] ». Deux ans plus tard, au sommet de Maastricht, un calendrier a été fixé pour l'Union monétaire de l'Europe qui prévoit une monnaie unique avant la fin du siècle. Helmut Kohl aurait voulu aussi des engagements contraignants en faveur de l'Union politique, mais dans ce domaine les déclarations d'intention ont été plus vagues.

Il n'en demeure pas moins que le centre de gravité de l'Allemagne s'est déplacé géographiquement vers l'Est. Ce n'est plus l'Allemagne catholique et rhénane, traditionnellement hostile à la Prusse, qui va peser le plus lourd. Industriellement, elle reste la plus forte ; mais politiquement, ce n'est plus vrai. La politique va quitter Bonn pour Berlin. L'Allemagne s'est déplacée vers l'Est, à moins qu'il ne faille prendre au sérieux la boutade d'un Hollandais citée par Christian von Krockow : « Vous, les Allemands, vous vous plaignez toujours depuis 1945, que l' "Est" ait fait une grande avancée jusqu'aux bords de l'Elbe et de la Werra. Nous, nous voyons les choses autrement : les frontières de l'Europe de l'Ouest ont reculé de deux bonnes centaines de kilomètres vers l'Est, d'Aix-la-Chapelle à Helmstedt [19]. »

C'était dire qu'avant la guerre tout le territoire allemand pouvait être considéré comme appartenant à l' « Est », alors que la création de la République fédérale a fait reculer cet « Est » jusqu'à la frontière interallemande. Rien n'indique, bien au contraire, qu'avec la réunification l' « Est » soit revenu vers Aix-la-Chapelle, mais l'Ouest a-t-il pour autant avancé jusqu'à l'Oder-Neisse, voire au-delà vers le Bug qui marque la limite entre la Pologne et l'ex-URSS ? L'argument est défendable si l'on considère que l' « Ouest » se caractérise d'abord par des valeurs démocratiques et libérales auxquelles tous les gouvernements d'Europe, de l'Ouest comme de l'Est, paient maintenant tribut, y compris le gouvernement russe de Boris Eltsine.

On voit bien en même temps que des trois Europes qui existaient au temps de la guerre froide – les pays du Marché commun, les États développés et démocratiques n'appartenant pas à la CEE, les pays socialistes –, il va en subsister deux, dont les frontières ne seront peut-être plus franchement politiques, mais économiques : une Europe riche où les États actuellement neutres (Autriche, Suède, Suisse, voire Finlande) auront rejoint l'Europe des Douze, et une Europe pauvre qui, à un degré différent selon les pays, gardera encore longtemps les stigmates de quarante ans de communisme.

Le risque d'une « dérive à l'Est » de l'Allemagne, tel qu'on l'entendait dans les années soixante-dix, si tant est qu'il fut jamais sérieux, n'existe plus. La RFA ne va pas vendre son appartenance à la communauté occidentale pour le plat de lentilles de la réunification. L'unité est faite et de toute manière il n'y a plus d'acheteur. Elle ne peut plus être tentée, pour des raisons « nationales », d'être une sorte d'électron libre, naviguant entre l'Est et l'Ouest au gré des circonstances.

Mais l'Allemagne est certainement la mieux placée pour contribuer à combler le fossé économique qui sépare les deux parties de l'Europe. Ce que Karl Kaiser appelle « le rôle de représentant de l'intérêt porté par les Occidentaux au progrès et à la stabilité en Europe de l'Est ». C'est une « responsabilité allemande particulière », non pour des raisons d'hégémonie comme dans le passé, mais parce que l'histoire, la géographie, les possibilités économiques aussi de l'Allemagne, poussent dans cette voie. C'est ainsi que les dirigeants allemands expliquent en tout cas leur position dans la crise yougoslave. Pour la première fois sans doute depuis la fin de la guerre, ils ont pris une décision de politique extérieure contre l'avis de leurs alliés, de la France, des États-Unis, et de l'ONU, comme s'ils voulaient faire dans les Balkans la démonstration qu'ils avaient manquée dans le Golfe, sur la capacité et l'autonomie d'action de leur diplomatie. L'opportunité de la reconnaissance de la Slovénie et de la Croatie n'est pas en cause; les Européens n'avaient sans doute que trop tardé, soucieux d'entretenir la fiction de la fédération yougoslave et de maintenir artificiellement des frontières dont tout laissait penser qu'elles ne pouvaient plus être respectées.

Ni Helmut Kohl ni Hans Dietrich Genscher n'étaient à l'origine partisans d'une reconnaissance plus ou moins isolée des deux républiques ex-yougoslaves. « Nous n'allons pas, pour la troisième fois dans ce siècle, mener une politique balkanique contraire à celle de la France », disait-on à Bonn. Mais l'opinion publique relayée par les parlementaires et la presse a exercé des pressions telles que le chancelier et le ministre des Affaires étrangères ont été contraints de céder. Contrairement à une opinion largement répandue en France où la « conscience historique » est plus développée qu'en Allemagne, les souvenirs des solidarités passées, entre les Germains d'une part – comme aurait dit de Gaulle –, les Slovènes et les Croates d'autre part, que ce soit au temps de l'empire des Habsbourg ou pendant la Seconde Guerre mondiale, ont joué un rôle mineur. Mais le sentiment de proximité entre les Bavarois et les Slovènes par exemple, l'anticommunisme de la droite allemande hostile au président serbe Milosevic, la crainte de la gauche de méconnaître l'aspiration des peuples de Yougoslavie à l'indépendance comme elle s'était trompée quant à la volonté est-allemande de réunification, enfin l'idée – généreuse – que l'autodétermination dont venait de profiter le peuple allemand devait bénéficier aux autres peuples européens opprimés, tous ces éléments expliquent la décision de Bonn. Des considérations de politique intérieure ont fait le reste. Hans Dietrich Genscher est devenu, du jour au lendemain, un défenseur zélé de la reconnaissance quand il a compris que ses hésitations pouvaient être utilisées contre lui dans la coalition gouvernementale et dans son propre parti. Certains de ses « amis » aimeraient bien le voir quitter le ministère des Affaires étrangères qu'il occupe depuis dix-huit ans, pour devenir le prochain président de la République. Refuser d'agir, au nom de la solidarité européenne et du respect d'un code de bonne conduite internationale, n'aurait-ce pas été une de ces manifestations de « genschérisme » mou que dénonce périodiquement la CDU? Le président de la commission des Affaires étrangères du Bundestag, le chrétien-démocrate Stercken, a considéré comme un succès le fait d'avoir amené Hans Dietrich Genscher à ne plus faire dépendre en toutes circonstances la diplomatie nationale d'une action commune des partenaires européens [20].

Le bien-fondé de la reconnaissance n'est, encore une fois, pas en cause. Le mécanisme et les raisons de la décision allemande sont intéressants parce qu'ils montrent comment Bonn entend faire entendre sa voix. Pour éviter que le « front » européen n'apparaisse ouvertement déchiré, la France et l'Allemagne avaient préparé un catalogue de garanties que devaient fournir les États candidats à la reconnaissance. C'était une manière de gagner du temps et de se ménager une marge de manœuvre. Mais le gouvernement fédéral a brûlé les étapes, et, sans attendre que le délai laborieusement établi soit passé, il a annoncé l'établissement de relations diplomatiques avec Ljubljana et Zagreb. En même temps, les dirigeants allemands savaient parfaitement que, seuls, ils n'avaient pas les moyens de mettre fin au conflit, qu'il était hors de question que leurs soldats soient déployés entre les belligérants et que cette reconnaissance était plus une démarche symbolique qu'une manifestation d'interventionnisme.

Cet épisode yougoslave ne signifie pas que l'Allemagne va désormais agir à sa guise. La crainte de l'isolement international et le poids des engagements communautaires sont trop forts. Mais l'Allemagne ne s'alignera pas nécessairement sur les décisions majoritaires ; elle cherchera d'abord, quand elle considérera son intérêt engagé, à imposer aux autres son point de vue ; faute de quoi, elle se passera de leur assentiment. Il ne serait pas étonnant que ce cas se produise plus souvent quand il s'agira de l'Europe orientale que sur des sujets « exotiques », comme la guerre du Golfe, l'Afrique ou l'Extrême-Orient. L'indécente course à la reconnaissance des États baltes, entre les pays scandinaves, la France et la RFA à l'automne 1991, en a fourni une autre illustration.

Il est peut-être là le *Sonderweg* allemand, la voie particulière, dans cet engagement économique envers les pays d'Europe centrale et de l'Est, comme envers les républiques qui ont pris la suite de l'URSS. Ainsi s'explique le rôle joué par Helmut Kohl dans l'invitation lancée à Mikhaïl Gorbatchev de faire un tour à Londres, en juillet 1991, en marge du sommet des sept pays les plus riches du monde (G7). Le chancelier s'est dépensé sans compter pour que les Américains, les Britanniques et les Japonais, qui étaient les plus réticents, acceptent que leur groupe soit élargi à huit. Il a plaidé pour que l'URSS soit admise à part entière dans des organisations comme le Fonds monétaire et la Banque mondiale.

L'expression que François Mitterrand avait employée à propos de Valéry Giscard d'Estaing quand celui-ci avait transmis, également à un sommet des Sept, en 1980 à Venise, un message de Brejnev sur l'Afghanistan, aurait pu, dans des circonstances bien différentes, s'appliquer au chef du gouvernement de Bonn. En insistant pour inviter Mikhaïl Gorbatchev à Londres, Helmut Kohl risquait d'apparaître comme « le petit télégraphiste » de son cher Micha.

La politique allemande de l'URSS s'expliquait en grande partie par ce rôle que Moscou voulait voir jouer à la RFA. Les Soviétiques n'avaient plus aucun intérêt à débaucher l'Allemagne; au contraire ils avaient besoin d'elle, de son aide, de ses capitaux, de son assistance technique, de sa « caution » auprès de l'Occident [21]. Aux critiques des conservateurs qui lui reprochaient d'avoir bradé le fond de la diplomatie soviétique depuis plus de quarante ans, Edouard Chevardnadze avait répondu qu'il préférait avoir à ses côtés une Allemagne unie avec 370 000 soldats qu'une Allemagne divisée avec des forces armées plus importantes. Moscou aimait mieux une Allemagne unie intégrée dans l'OTAN, mais bien disposée à son égard qu'une Allemagne divisée qui lui mesurât son appui. D'autant que Moscou y avait définitivement gagné ce que la diplomatie soviétique recherchait depuis des années : l'intégration dans un processus paneuropéen, qui apportât une « nouvelle légitimité à la poursuite du rôle soviétique en Europe, après la perte des droits résultant du statut des quatre puissances après la guerre [22] ». Et jusqu'en 1994 au moins, les Soviétiques avaient encore la carte du retrait de leurs troupes de l'Est de l'Allemagne, pour obtenir du gouvernement de Bonn les crédits qu'ils attendaient. Helmut Schmidt attire cependant l'attention sur les risques que « les relations spéciales économiques, financières, diplomatiques, qui s'annoncent entre l'Allemagne et l'URSS (ou la Russie), certes pertinentes actuellement, aussi longtemps que des troupes soviétiques se trouvent sur notre sol », pourraient faire courir à la politique allemande si elles poussaient les autres puissances européennes à revenir « au concept ancien de *balance of power* » [23].

L'approfondissement des relations germano-soviétiques au cours du processus de réunification a trouvé son couronnement avec la signature, le 9 novembre 1990 à l'occasion de la visite à Bonn de Mikhaïl Gorbatchev, du traité de bon voisinage, de partenariat et de coopération. Un article surtout, le troisième, a attiré l'attention. Il stipule en effet : « Si l'une des deux parties faisait l'objet d'une agression, l'autre partie n'apporterait aucune aide ou aucun appui de quelque sorte à l'agresseur. » On s'est demandé en effet si cette clause de non-agression, qui ressemble étrangement à celle du traité de « réassurance » conclu entre Bismarck et l'Empire russe [24], n'était pas contraire aux engagements allemands vis-à-vis de l'Alliance atlantique.

Pas du tout, répondent les exégètes allemands : le traité prévoit en même temps que les engagements existants vis-à-vis de l'Occident restent valables et, d'autre part, que cette « clause de neutralité » ne joue qu'en cas d'agression. Or l'OTAN est par définition une alliance défensive. Les Allemands affirment en outre que la France, la Grande-Bretagne et les États-Unis avaient reçu une copie du texte avant sa signature. Paris et Londres n'ont pas soulevé d'objection, Washington a fait savoir que cet article ne lui suggérait aucun commentaire [25].

La mise en œuvre des accords passés entre Européens au moment de la réunification « exige le respect des engagements allemands concernant les paiements liés au départ des troupes soviétiques, les livraisons promises par l'ancienne RDA et le développement du partenariat économique avec l'URSS [26] ». Ceci explique l'insistance d'Helmut Kohl pour que l'URSS soit intégrée autant que faire se peut dans les mécanismes de l'économie mondiale. Il ne s'agit pas d'une sorte de chantage que Moscou exercerait sur Bonn, mais des intérêts bien compris de l'Allemagne. Ce ne sont pas des « remerciements » pour le feu vert donné par Mikhaïl Gorbatchev à la réunification, c'est le résultat d'une analyse des rapports de forces en Europe. La réussite de la démocratisation et de la réforme économique apparaissait fondamentale pour l'Allemagne, car en cas d'échec elle est bien placée pour en subir les conséquences : afflux de réfugiés, troubles parmi les soldats soviétiques stationnés dans l'Est, effondrement des pays d'Europe centrale, poussée de fièvre nationaliste, etc. La désintégration de l'Union soviétique n'a pas changé fondamentalement le problème ; elle en a aggravé les données. L'Allemagne avait sans doute été la plus touchée par la « gorbimania » ; elle n'en a pas moins été la plus prompte à demander que la Communauté européenne reconnaisse les Républiques qui se sont regroupées dans la Communauté des États indépendants.

L'Allemagne ne veut pas être la seule à porter le fardeau. Politiquement elle a besoin de l'Europe des Douze et, économiquement, elle doit faire partager les frais, une sorte de nouveau *burden sharing*, comme disaient les Américains quand ils demandaient aux Européens de payer plus pour leur défense. Elle a déjà beaucoup promis et donné aux Soviétiques : 75 milliards de deutschemarks, en liaison avec la réunification, pour les troupes soviétiques, leur entretien et leur retrait, pour les livraisons promises par l'ancien gouvernement de Berlin-Est, pour des crédits garantis, etc. Avant le départ de Mikhaïl Gorbatchev, les dirigeants de Moscou demandaient encore quelque 20 milliards de deutschemarks pour construire des casernes et autres logements pour leurs militaires rapatriés et ils négociaient une indemnisation du travail forcé que l'Allemagne nazie a imposé aux prisonniers soviétiques. On peut être assuré que sur ce point Boris Eltsine ne reniera pas l'héritage. Les relations avec le Moscou russe ont, pour les Allemands, la même importance que les rapports avec le Moscou soviétique ; c'est la stabilité et donc la fiabilité de l'interlocuteur qui laissera peut-être à désirer...

Toujours est-il que Bonn ne peut pas tout faire. D'autant que les Allemands, notamment les industriels, qui ont toujours été les meilleurs avocats d'abord de la coopération économique avec l'Est et ensuite de la perestroïka, savent bien que des milliards de deutschemarks ont été versés en vain dans un trou sans fond et que les milliards que la RFA va encore donner ne serviront à rien si les républiques anciennement soviétiques ne mènent pas à bien des réformes radicales. Ils savent aussi que les sommes nécessaires sont gigantesques et dépassent de loin les possibilités des uns et des autres [27].

Et puis il y a le boulet est-allemand. La reconstruction de l'ex-RDA va coûter très cher, beaucoup plus que quiconque ne l'avait prévu. Les autres pays européens sont invités à y participer, mais c'est une « tâche avant tout nationale ». Malgré sa puissance, l'économie allemande connaît des limites, les déficits budgétaires se creusent, la dette publique augmente, le mark faiblit, les taux montent, à l'Est le chômage explose... La mise à niveau de l'Allemagne de l'Est d'abord prévue sur trois à cinq ans, exigera au moins une dizaine d'années; tous les experts en sont d'accord.

A la fin des années quatre-vingt, un collaborateur de la fondation Friedrich Ebert (social-démocrate) avait dressé la liste des priorités de la politique étrangère allemande : soutien du processus de démocratisation dans l'ancien bloc de l'Est (y compris l'Union soviétique), désarmement en Europe, intégration occidentale avec pour objectif une Union européenne qui ne se réduisît pas à l'économie mais incluât la capacité d'asseoir la sécurité européenne sur des forces européennes. C'est ce qu'il appelait l'option n° 1 de la diplomatie de Bonn; la deuxième étant l'orientation vers l'Est, la troisième un rôle dirigeant en Europe et la quatrième un rôle dirigeant dans le monde [28]. Nul doute que les actuels responsables ont tous choisi la première hypothèse. Mais cette liste de priorités est en elle-même trop longue pour que la politique allemande soit parfaitement prévisible. Comme le note Ronald D. Asmus, « le problème avec la politique extérieure de la nouvelle Allemagne, ce n'est pas qu'elle ait de mauvaises intentions, mais plutôt qu'elle en ait trop de bonnes [29] ». Tout ira bien si les divers objectifs catalogués comme prioritaires peuvent être poursuivis de front ; les difficultés commenceront si certains apparaissent contradictoires. L'Allemagne sera obligée de faire ce à quoi elle répugne le plus : choisir. C'est alors qu'on saura si quarante ans de vie commune dans l'Europe occidentale pèseront plus que des siècles de particularisme.

NOTES

1. Selon le titre du livre d'Helmuth Plessner, *Die verspätete Nation* (La nation tard venue ou retardée), écrit en 1935 et publié en 1959 aux éditions Kohlhammer, Stuttgart.
2. Karl Kaiser, *op. cit.*
3. L'expression est de Wolfgang Schäuble, *Die Welt* du 30 septembre 1991.
4. Arnulf Baring, *op. cit.*
5. Peter Glotz, *Die Zeit*, 19 avril 1991.
6. Willy Brandt dans le *Süddeutsche Zeitung*, 10 mai 1991.
7. Brigitte Seebacher-Brandt, *Deutschland oder Europa?*, dans le *Frankfurter Allgemeine Zeitung*, 20 avril 1991.
8. *Die Zeit*, 7 juin 1991.
9. Max Weber, *Gesammelte Politische Schriften*, Munich, 1921.
10. Entretien avec *Die Zeit*, 8 février 1991.
11. *Frankfurter Allgemeine Zeitung*, 4 juillet 1991.
12. N'oublions pas, a écrit en substance Peter Glotz, qu'Israël est gouverné par le « faucon Shamir » et que des Arabes ont été tués par les bombes américaines. Ce à quoi Klaus Hartung a répliqué : « Glotz doit savoir que les intellectuels qu'il vilipende ont pris parti publiquement pour Israël seulement après que, au minimum, la possibilité fut apparue réelle que des gaz soient déversés sur les juifs pour la deuxième fois. » Dans sa réponse Glotz s'étonne que Hartung puisse utiliser l'argument des gaz menaçant Israël, encore après la fin de la guerre. Puisque Israël ne risque plus rien, pourquoi être « unilatéral »! *Voir Die Zeit* des 19 avril, 10 et 24 mai 1991.
13. *Frankfurter Allgemeine Zeitung*, 4 juillet 1991.
14. *Die Zeit*, 7 juin 1991.
15. *Ibid.*
16. *Information für die Truppe*, juillet 1991, cité par *Der Spiegel*, n° 29/1991.
17. Karl Kaiser, *op. cit.*

18. Cité par Jean Klein, *La France, l'Allemagne et le nouvel ordre de sécurité en Europe*, dans *L'Allemagne de la division...*, *op. cit.*

19. Christian von Krockow, *op. cit.*

20. Anne-Marie Le Gloannec, *Implications of German Unification for Western Europe* (Implications de l'unification allemande pour l'Europe occidentale).

21. Renata Fritsch-Bournazel, *L'Allemagne unie : un nouveau pari pour Moscou*, dans *L'Allemagne de la division...*, *op. cit.*

22. Karl Kaiser, *op. cit.*

23. *Die Zeit*, 6 décembre 1991.

24. Renata Fritsch-Bournazel, *op. cit.*

25. Karl Kaiser, *op. cit.*

26. *Ibid.*

27. Si l'aide de l'Occident à l'URSS devait être aussi importante par habitant que les transferts effectués entre l'Allemagne de l'Ouest et l'ancienne Allemagne de l'Est, il faudrait dégager 30 000 milliards de dollars!

28. Wilhelm Bruns, *Deutschlandssuche nach einer neuen aussenpolitischen Rolle* (La quête de l'Allemagne vers un nouveau rôle en politique étrangère), Deutschlandsarchiv n° 7.

29. Ronald D. Asmus, *German Unification and its Ramifications*, Rand Corp., Santa Monica, 1991.

Chapitre 8

L'ADIEU AU CENTRE

« La géographie est la seule constante de la politique étrangère. » Cette phrase de Bismarck, les Allemands voudraient bien pouvoir l'oublier. Ce qui pour d'autres peuples ne serait qu'un lieu commun – Napoléon n'avait-il pas dit aussi : « Tout État fait la politique de sa géographie »? – est pour eux une espèce de sort auquel ils espéraient avoir définitivement échappé. Car la géographie, c'est d'abord cette situation au milieu de l'Europe, avec les frontières les plus variées et les voisins les plus nombreux, source d'interminables conflits et d'innombrables tentations, « enclume de l'Europe [1] », caisse de résonance des affrontements du continent et point de départ de deux « guerres civiles européennes » en ce siècle.

Cette position n'avait sans doute pas que des inconvénients. Les historiens allemands qui essaient de réévaluer honnêtement l'histoire de leur pays, et notamment celle du XIXᵉ siècle, ne trouvent pas que des défauts à la politique bismarckienne. Le « chancelier de fer » a su fort habilement utiliser cette position centrale [2] pour promouvoir les intérêts de son pays, au congrès de Berlin de 1878, par exemple. L'historien Arnulf Baring va jusqu'à écrire que Bismack et, plus tard, Stresemann réussirent particulièrement bien dans cette diplomatie de « l'honnête courtier », en servant d'intermédiaire « d'une manière désintéressée » entre les autres États, gagnant ainsi « la compréhension, la confiance et de bonnes dispositions » à l'égard de l'Allemagne et de sa position centrale [3].

Les successeurs de Bismarck, en particulier l'empereur, n'avaient pas le même savoir-faire diplomatique et Guillaume II entraîna son empire dans la catastrophe de la Première Guerre mondiale, pour ne rien dire d'Hitler que les occasions offertes par cette situation au cœur de l'Europe rendirent simplement fou. Le drame pour l'Allemagne vient du fait que l'idée de position « moyenne » ne doit pas être comprise seulement au sens spatial. L'Allemagne a toujours été, qu'elle l'ait voulu ou non, une « puissance moyenne » dans toutes les acceptions du terme. Elle a toujours été confrontée à un problème de « taille critique ». Sans alliés puissants et sûrs, elle est trop faible pour dominer l'Europe, mais elle est trop forte pour se couler dans un ordre européen préexistant. Parlant à l'occasion de l'anniversaire du soulèvement de Berlin-Est, Kurt Georg Kiesinger, chancelier de la grande coalition entre chrétiens-démocrates et sociaux-démocrates, exprimait ce dilemme, le 17 juin 1967, avec quelques variantes : « L'Allemagne, l'Allemagne unifiée, a une dimension critique. Elle est trop grande pour ne jouer aucun rôle dans l'équilibre des forces. Elle est trop petite pour pouvoir maintenir un équilibre des forces autour d'elle [4]. »

L'effondrement du IIIe Reich et la division de l'Allemagne avaient d'une certaine manière sorti le pays de sa « position centrale ». « L'ordre établi après la guerre ne visait pas seulement à endiguer la puissance soviétique, mais aussi à fixer l'Allemagne, ce poids lourd du milieu du continent, qui par son potentiel et sa position peut faire pencher les choses vers le bien (comme après 1945) ou vers le mal (comme avant 1945). (...) Ce qu'il y a de génial dans l'ordre établi après la guerre, c'est que les Allemands n'ont pas été contournés, mais qu'ils ont été réinsérés [5]. »

Les Alliés y ont beaucoup aidé, quitte à ne pas être très regardants sur l'ampleur de la dénazification qu'ils avaient eux-mêmes lancée. Il était plus important pour eux que la nouvelle République fédérale tienne sa place dans la stratégie occidentale de *containment* du communisme que de savoir si l'appareil d'État avait été épuré de son dernier collaborateur nazi. Adenauer a adhéré sans réserve à cette politique. Ce Rhénan, né en 1876, connaissait par expérience les dangers recelés pour l'Allemagne du fait de sa « position centrale ». Aussi l'ancrage à l'Ouest lui paraissait-il la meilleure garantie contre la rechute dans les errements du passé. Il savait, affirme Arnulf Baring, que l'Allemagne n'était pas à la hauteur des défis de la *Mitteleuropa* [6] et qu'elle devait donc les refuser.

Au lieu d'être entourée d'ennemis, l'Allemagne (fédérale) n'a plus qu'un seul adversaire, à l'Est. Elle a été tirée de sa situation fatale pour devenir une marche de l'Occident, un pays de front, la pointe avancée du glacis, « la marge d'un centre divisé [7] », statut qui pourrait être tout aussi inconfortable et périlleux, mais qui lui ôte toute tentation de pratiquer un jeu de bascule, et surtout qui lui donne des alliés à l'Ouest plus sûrs qu'elle n'en a jamais eu. Pour une raison simple : la relation n'est pas à sens unique ; la sécurité des Alliés dépend autant de celle de l'Allemagne, que celle de l'Allemagne dépend d'eux.

Ainsi les Allemands ont-ils échappé après la guerre à « la malédiction de la géographie [8] ». Ils ont été occidentalisés, internationalisés, américanisés peut-être, plus que tout autre peuple européen. Ils ont perdu cette « germanité » qui en faisait un peuple d'Europe centrale. C'est dans une large mesure à ce prix qu'ils ont retrouvé une place dans la communauté internationale, des possibilités d'action et une respectabilité. Ils ont pu construire un État démocratique, stable, une société économiquement et socialement florissante, menant une politique prévisible. Aussi et surtout, l'ancrage à l'Ouest a « produit en même temps un apaisement étonnant des esprits allemands – au sens où on parle de "mauvais esprits" –, une ouverture pondérée sur l'extérieur, jusqu'alors inconnue [9] ».

La question est de savoir si cet « adieu au centre », provoqué par l'effondrement du Reich et la division de l'Allemagne, est suffisamment profond pour survivre à la réunification. Ou, pour poser le problème dans les termes de l'ancien chancelier Helmut Schmidt, « si nous allons retomber dans la manipulation de l'équilibre entre les États européens qui a dominé la pensée des hommes d'État de l'Europe de 1914 à 1950 ou si nous allons continuer notre chemin vers le nouveau monde que nous avons ouvert dans les années cinquante avec le plan Schuman et le traité de Rome ». En ne choisissant pas cette deuxième voie, l'Allemagne risquerait de se retrouver *nolens volens* face aux périls de la « position centrale » auxquels par deux fois au cours de ce siècle elle ne sut pas résister, entraînant l'Europe tout entière dans la catastrophe. Sur ce point, il faut le reconnaître, les avis sont, en Allemagne, partagés.

Il y a d'abord ceux qui pensent simplement, avec Josef Joffé, ancien rédacteur en chef du journal libéral de Munich *Süddeutsche Zeitung*, que « si les Soviétiques achèvent leur retrait, il se créera en Europe centrale un vide que les Allemands – qu'ils le veuillent ou non – rempliront [10] ». C'est une constatation qui n'a d'autre conséquence que de laisser prévoir une forte présence allemande – économique, culturelle, politique peut-être – dans les jeunes démocraties d'Europe centrale et de l'Est qui seront d'autant plus tentées de chercher dans la République fédérale les repères dont elles ont besoin que la Communauté européenne dans son ensemble se montrera incapable de les entendre. Comme le disait le social-démocrate Erhard Eppler, « l'Histoire ne nous a pas confié, à nous Allemands, une mission spéciale. Mais la géographie nous place devant des devoirs particuliers [11] ». En ce 17 juin 1989, jour de la fête de l'unité allemande, quelque quatre mois avant la chute du mur de Berlin, le parlementaire pensait que la fin de la division de l'Europe était précisément un de ces « devoirs particuliers » incombant à son pays.

En parlant des Allemands, Erhard Eppler disait « nous, gens d'Europe centrale »; Hans Dietrich Genscher, originaire de Halle en Allemagne de l'Est, dit « nous, Européens de l'Ouest et du centre [12] ». C'est une position en quelque sorte centriste entre les « occidentalistes » et les « bismarckiens ». Les premiers pensent que la coupure avec le passé « mitteleuropéen » a été définitivement consommée au cours des quarante années d'histoire de la République fédérale; les seconds considèrent que la géographie – pour ne pas dire la « géopolitique » qui, pour avoir été dévoyée par les nazis, n'en existe pas moins – pèse plus lourd que l'expérience de la République de Bonn.

Richard von Weizsäcker est de ceux qui tiennent pour « définitive » l'intégration à l'Occident dans toutes ses composantes. Le président de la République fédérale, qui ne joue pas un rôle direct mais exerce une sorte de magistère moral, estime que « l'expérience de la RFA est parfaitement décisive pour l'Allemagne unie. C'est l'expérience faite pour la première fois par des générations d'Allemands qui ont participé à la création d'une unité nationale laquelle leur a enlevé le poids d'une compréhension de soi-même purement nationale ». Parce qu'à travers les détours de l'histoire, des guerres, des défaites, de la division de l'Allemagne et de l'Europe, puis du conflit Est-Ouest, on en est venu à un partenariat atlantique et européen, et parce qu'à travers l'Europe est passée l'idée supranationale, « cette Europe a délivré l'Allemagne de sa position centrale [13] ». L'adhésion à l'Occident n'est pas seulement une prise de position politique, mais l'adoption de tout un système de valeurs impliquant la rupture avec une certaine tradition allemande, un « retour à 1848 » que, par la force des choses et la volonté des Alliés, la RFA a opéré sans trop de difficulté. Une telle attitude ne signifie nullement que l'histoire, le passé, l'expérience des Allemands venus de l'Est doivent être ignorés, ou à plus forte raison rejetés. Ils doivent au contraire être pris en compte dans la quête des Allemands de l'Est du même objectif : l'intégration à l'Europe. « Nous sommes libérés de notre position centrale. Unifiés, nous ne sommes pas moins européens qu'avant, dit Richard von Weizsächer. Les Allemands de l'Est veulent être partie prenante de ce destin européen. »

C'est fondamentalement vrai. Toutefois le centre de gravité de la politique allemande s'est déplacé vers l'Est, pas encore au point que l'Europe, dans l'acception donnée depuis 1945, ne soit plus qu'une pièce parmi d'autres de la diplomatie... berlinoise, mais enfin, pour les Allemands de l'Est qui viennent de rejoindre l'Allemagne libérale, l'Europe n'a pas tout à fait le même sens que pour les habitants de la RFA. Bien que Jens Reich, un des principaux acteurs du mouvement contestataire de 1989, ait intitulé son livre de souvenirs *Retour à l'Europe* [14]. Sans que leurs convictions démocratiques soient en cause, des responsables venus de l'ex-RDA, et grandis dans l'opposition qui mit à bas le régime Honecker, parlent de la « soi-disant Communauté européenne » quand ils évoquent l'Europe des Douze, et ce sans distinction de parti.

Ils sont fiers d'apporter leur expérience de l'Europe centrale, des liens avec un monde qui a été coupé pendant quatre décennies du reste du continent, de représenter des valeurs différentes de celles de l'Occident – ils mettent beaucoup l'accent sur la « solidarité » développée aussi en opposition au système communiste. Ces valeurs, certains d'entre eux auraient bien voulu qu'elles constituent la base de la « troisième voie », toujours ce *Sonderweg* qu'ils préconisaient pour une RDA devenue démocratique mais demeurée autonome par rapport à la RFA. Tout cela pèse qu'on le veuille ou non sur la nouvelle identité allemande en train de se former. On peut le regretter, il ne faut pas l'oublier, *a fortiori* le nier. Or dans l'histoire allemande, les valeurs de liberté ont toujours été liées à une orientation vers l'Ouest, francophilie des révolutionnaires de 1848, engagement européen des fondateurs de la République fédérale doublé d'un « atlantisme » parfois décrié, mais qui, outre qu'il était le garant de la sécurité militaire de la RFA donc de sa survie, était aussi le symbole des valeurs auxquelles la nouvelle Allemagne adhérait. Même le social-démocrate Kurt Schumacher pensait que « la cause profonde et spirituelle des grandes catastrophes de l'histoire récente de l'Allemagne résidait dans l'abandon par les Allemands des grand idéaux occidentaux du libéralisme, du parlementarisme et de l'internationalisme [15] ».

Il serait tout à fait erroné de prétendre que la réunification a tiré un trait sur la démocratie allemande, le respect des droits de l'homme observé en RFA, depuis 1949, avec une rigueur que d'autres pays européens pourraient lui envier, l'équilibre des pouvoirs, l'indépendance de la justice, etc. C'est même au nom de ces valeurs de liberté que les Allemands de l'Est sont descendus dans les rues à l'automne 1989. Mais avec l'extension de la RFA vers l'Est, ce ne sont pas seulement les fondements idéologiques de la République de Bonn [16] qui ont progressé vers la Saxe et la Prusse, c'est une nouvelle dimension nationale, pétrie d'une autre tradition, qui va peser sur l'Allemagne réunifiée.

Cette autre culture risque de se coaliser avec le « provincialisme », qui est aussi une composante de la République de Bonn, pour pousser l'Allemagne hors de l'Europe. C'est la thèse défendue par des intellectuels pour lesquels la part récente et originale de la tradition des Lumières dans la politique allemande pourrait être refoulée par le retour de la tradition orientale. Karl Heinz Bohrer se réfère aux exemples historiques de la Prusse après Napoléon, de Bismarck et de la République de Weimar, pour craindre que ce qui se met en place actuellement soit « le modèle d'un ordre de paix en Europe centrale dicté par les Russes et appuyé par les Allemands, fait d'impuissance, d'opportunisme et d'instincts anti-occidentaux [17] ». Ce qui serait à craindre donc, ce n'est pas tant un nouveau nationalisme qui entraînerait l'Allemagne sur les pentes fatales qu'elle a déjà connues, mais un rétrécissement de ses capacités d'innovation et d'action, le repli sur soi et la défense acharnée d'un confort douillet à l'abri des soubresauts du monde, qui la couperaient de ses alliés.

La mise à l'épreuve viendra des pays de l'Est qui restent – voire sont redevenus – les voisins de l'Allemagne et qui sont dans une situation de demandeur. Face à ce défi, l'Allemagne peut être tentée de se replier sur elle-même, mais elle peut d'autant moins se fermer aux influences voisines qu'avec ses 80 millions d'habitants, son potentiel économique, sa puissance monétaire, l'activité extérieure lui est une nécessité vitale. Ses partenaires de la Communauté européenne, eux-mêmes, attendent d'elle une participation importante à l'aide à ces pays, ce qui ne les empêche pas de la soupçonner de sinistres desseins quand elle s'exécute. Il est vrai que la RFA leur apporte une aide aussi élevée que l'ensemble des autres pays occidentaux, si l'on inclut l'ancienne URSS dans les pays considérés. « Nous payons le fait que l'URSS a abandonné ses buts de guerre en Europe », dit Richard von Weizsäcker. La marche vers la démocratie et l'économie de marché dans les États nouvellement libérés du communisme exige en même temps des efforts de ces pays eux-mêmes et un soutien massif de la part de l'Occident. « Nous, Allemands, nous ne pouvons pas tout faire », même si les partenaires européens créditent l'Allemagne d'une puissance qu'ils envient et dont, à la fois, ils ont peur.

L'ambivalence de leur attitude s'explique en partie par leur incapacité à comprendre que, depuis la disparition du Reich – conséquence d'une défaite externe, mais également d'un effondrement interne –, le rapport des Allemands à la notion de puissance a changé. « Ce siècle a connu deux guerres civiles européennes. Dire qu'on les a perdues tous ensemble n'est pas très bien vu, affirme Richard von Weizsäcker. Les Allemands ont perdu les deux; les Français et les Britanniques les ont gagnées; ils ont perdu leurs colonies mais gardé des zones d'influence. On continue à avoir en France et en Grande-Bretagne une certaine idée d'un rôle mondial que les Allemands n'ont pas et ne veulent absolument pas avoir. » Le président suggère de ne pas juger ses concitoyens à partir des mêmes présupposés et répète que « les Allemands ont admis qu'ils forment un pays important dans une Europe avançant vers l'intégration, mais qu'ils ne sont pas une puissance mondiale, qu'ils ne le deviendront pas et qu'ils ne veulent pas le devenir », même s'ils sont prêts, ajoute le président, à prendre leur part de responsabilité dans les domaines économique et écologique.

« Nous sommes, poursuit le président de la République fédérale, une puissance européenne qui doit consacrer sa force, qui veut la consacrer, à poursuivre l'expérience positive des quarante dernières années. » Et de mettre en garde contre l'illusion que les Allemands ne seraient pas ce qu'ils sont, qu'ils seraient à la recherche d'un rôle correspondant à leur taille.

Si illusion il y a, soutient au contraire l'historien Arnulf Baring, c'est de croire que le vieux problème Est-Ouest auquel a toujours été confrontée l'Allemagne, à cause de sa position dans le centre de l'Europe, a disparu. C'était vrai de 1945 à 1989; ça ne l'est plus depuis la réunification. L'Allemagne a été poussée vers l'Est; elle était un pays d'Europe occidentale; elle est (re)devenue un pays de la *Mittel-*

europa. « Nous vivons au milieu. On n'y peut rien. C'est malheureux, mais c'est comme ça », écrit Arnulf Baring qui ajoute pour que ne subsiste aucune ambiguïté quant à sa pensée profonde : « Aujourd'hui, nous sommes géographiquement plus proche du Reich de Bismarck que de l'ancienne RFA [18]. »

Par « vieux problème Est-Ouest », il ne faut pas comprendre la guerre froide des quarante dernières années qui au contraire, tout le monde en est d'accord, a « occidentalisé » l'Allemagne, pour la première fois peut-être depuis le règne du fils de Charlemagne, Louis le Pieux, empereur d'Occident (814-840) ! « Nous avons pensé pendant un heureux instant, poursuit Arnulf Baring, qu'avaient été résolus pour toujours les problèmes que nous avions eus jadis dans notre histoire : des régimes autoritaires en Europe de l'Est, des démocraties en Europe de l'Ouest, et nous moitié perplexes, moitié furieux d'être englués dans notre milieu. Nous, Allemands, étions certes toujours au centre de l'Europe, mais désormais entourés de démocraties et dans un avenir prévisible d'États économiquement performants et soucieux de bien-être. Ces régimes respectables et stables n'existeront pas. »

Arnulf Baring rejoint Richard von Weizsäcker pour estimer que, seuls, les Allemands ne peuvent pas faire grand-chose pour changer le cours des événements dans les pays d'Europe de l'Est, les aider à sortir du marasme dans lequel les ont plongés successivement le communisme et sa liquidation. Mais l'historien et le président en tirent des conclusions opposées. Le second espère que l'Occident tout entier va se mobiliser aux côtés des forces démocratiques de ces pays afin que l'Europe s'étende de l'Atlantique... à l'Oural, évitant ainsi à l'Allemagne de se retrouver en position médiane, d'intermédiaire ou de médiateur entre deux mondes; le premier, en revanche, estime que la cause est d'ores et déjà entendue : les pays de l'Est sont des foyers de crise et l'Allemagne va être très directement concernée, ne serait-ce qu'à cause de sa proximité. Elle va être sollicitée même si elle n'a pas les moyens de régler les problèmes et elle risque de renouer avec ses démons traditionnels parce que, encore une fois, elle sera confrontée à des défis qui la dépassent. « Le moteur est plus puissant que l'entendement du conducteur », écrit Arnulf Baring, dans un allusion transparente à la pusillanimité supposée des dirigeants de Bonn.

Même ramenée à quelques paramètres simples qui ne dépassent pas « l'entendement du conducteur », la situation apparaît largement inextricable : l'Allemagne est plus forte qu'elle ne l'a jamais été depuis quarante ans ; elle a recouvré son unité et sa souveraineté ; elle s'est pleinement intégrée à l'Occident, y compris à ses alliances militaires avec l'assentiment du pouvoir soviétique quand il existait encore, mais elle a été tirée vers l'Est par l'absorption de la RDA ; pourtant cet « Est » n'est plus ce qu'il était, car lui aussi rêve de faire siennes les valeurs occidentales. Il n'y a donc plus aucun risque que l'Allemagne redevienne ce « vagabond entre deux mondes » qu'elle fut dans le passé, puisqu'elle se voit comme « partie d'une seule Europe », où l'Est et l'Ouest ne sont plus que « des concepts géographiques et non des distinctions politiques ou économiques [19] ». C'est la vision optimiste, celle que s'efforcent de défendre les dirigeants allemands, dont la sincérité ne peut être mise en cause.

La vision pessimiste – ou réaliste, pour ceux qui pensent comme Arnulf Baring – part des mêmes prémisses pour aboutir à des conclusions différentes : il est faux de croire que la RFA a définitivement rompu avec la « malédiction de la géographie », qui reste plus prégnante que jamais ; or, les pays de l'Est sont dans une situation dramatique, économiquement et politiquement, qui va exiger une intervention politique et financière massive. L'Allemagne n'est pas capable de l'assumer seule alors que ses partenaires de la Communauté n'ont pas conscience de la proximité des dangers, mais elle n'est pas en mesure de la refuser puisqu'elle serait la première victime du chaos. Qu'elle le veuille ou non, elle sera inévitablement entraînée dans le tourbillon, et tous les ingrédients traditionnels des crises européennes se retrouveront présents. Cette vision doit cependant être nuancée par deux éléments qui encadrent la « centralité » retrouvée de la RFA; d'une part, celle-ci ne peut seule assumer la tâche consistant à limiter les effets de l'effondrement soviétique; mais d'autre part, elle ne peut renoncer aux avantages de l'ancrage à l'Ouest : prospérité, sécurité, respectabilité [5].

Savoir quelles sont les pesanteurs qui l'emporteront ne se déduit pas d'un raisonnement. L'issue dépend dans une large mesure de l'attitude des autres Européens, et en premier lieu des partenaires de l'Allemagne dans la Communauté, où Paris joue, à côté de Bonn, un rôle déterminant. Comme les Allemands, tous les Européens sont conscients des risques de leur histoire et de leurs responsabilités, soucieux d'éviter que l'Allemagne ne largue ses amarres, se baladant sans contrôle entre deux mondes, entre l'Est et l'Ouest. Tous ont intérêt à l'intégrer dans des structures supranationales. C'est pourquoi la tentative soviétique de subordonner l'unification allemande à un statut de neutralité a fait long feu au début de 1990. Comme le dit Jean-Pierre Chevènement, ancien ministre de la Défense, « l'Allemagne est un aimant et un aimant ne peut pas être neutre ».

L'argument a pesé lourd dans l'acceptation par Mikhaïl Gorbatchev, en juillet 1990, du maintien de l'Allemagne unifiée dans l'Alliance atlantique. Un des « germanistes » du Comité central allait plus loin quelques mois après, puisqu'il suggérait que l'Allemagne devienne membre permanent du Conseil de sécurité des Nations unies : « On pourrait comparer à une assurance tous risques l'insertion de l'Allemagne dans les responsabilités mondiales – par exemple par une résolution de l'Assemblée plénière des Nations unies l'élevant au rang de membre permanent du Conseil de sécurité. C'est désormais un anachronisme de voir dans la possession d'armes nucléaires le seul critère d'une grande puissance [20]. »

À vrai dire, cette proposition était extrêmement ambiguë; d'une part, les Soviétiques jouaient le jeu de l'insertion internationale, d'autre part ils flattaient sans vergogne ce qu'ils pensaient être l'attirance des Allemands pour le statut de grande puissance et espéraient ainsi enfoncer un coin entre Bonn et ses alliés occidentaux. Cette deuxième interprétation s'impose d'ailleurs si on la relie à une déclaration du futur « patron » de cet expert du Comité central. Alors qu'il quittait son poste d'ambassadeur à Bonn, Valentin Falin, qui devait devenir quelques années plus tard, après quelques hauts et bas dans sa carrière, chef du département international de ce même Comité central, expliquait en 1978 à un interlocuteur allemand : « Bien sûr, nous (la direction moscovite), nous n'avons pour le moment aucune chance de repousser les Américains hors d'Europe, mais au fond c'est naturellement notre objectif, notre intérêt. Vous et nous – c'est-à-dire les Allemands et les Russes ensemble – devrions dominer le continent [21]. »

La disparition de l'URSS, la difficile reconstruction des anciennes républiques soviétiques donnent un air « rétro » à ces perspectives tracées à l'apogée du brejnévisme. Elles montrent cependant la persistance au cours des dernières décennies de conceptions diplomatiques qu'on croyait appartenir à un autre temps. La tentation de raisonner en termes de puissances, d'équilibre ou de jeu de bascule reste forte, et pas seulement à l'Est. Sans doute a-t-elle quelque peu diminué d'intensité avec la liquidation du « centre » soviétique, mais elle pourrait redevenir d'actualité si la Russie, reniant ses velléités européennes, retournait à la politique traditionnelle de l'empire comme du soviétisme. Le seul fait que le sort de l'Allemagne soit, au moins en partie, lié à l'attitude qu'adoptera cette puissance à l'Est du continent, en dit long sur la détermination géopolitique qu'elle subit.

NOTES

1. Fritz Stern, *op. cit.*
2. Le mot allemand *Mittellage* présente l'avantage d'être construit sur le même modèle que *Mitteleuropa*. Les termes français « position centrale » et « Europe centrale » ne rendent pas l'assonance.
3. Arnulf Baring, *Deutschland, was nun? op. cit.*
4. Cité par Renata Fritsch-Bournazel, *L'Allemagne unie dans l'Europe nouvelle*, Éditions Complexe, 376 pages, Bruxelles, 1991.
5. Josef Joffé, *Süddeutsche Zeitung*, 5 février 1990. Cité par Renata Fritsch-Bournazel, *op. cit.*
6. François Fejtö (*La Fin des démocraties populaires*, Le Seuil, 1992) remarque que l'expression *Mitteleuropa* a été utilisée pour la première fois par l'économiste Friedrich Naumann, durant la Première Guerre mondiale, en lui donnant un sens d'intégration économique et culturelle sous l'égide du Reich. Le mythe de la *Mitteleuropa* est dénoncé par de nombreux auteurs allemands contemporains.
7. Anne-Marie Le Gloannec, *Implications of German Unification for Western Europe* (Implications de l'unification allemande pour l'Europe occidentale).
8. Renata Fritsch-Bournazel, *L'Allemagne unie dans l'Europe nouvelle, op. cit.*
9. Arnulf Baring, *op. cit.*
10. Joseph Joffé, *op. cit.*
11. *Die Zeit*, 6 décembre 1991.
12. Cité par *Der Spiegel*, 9 septembre 1991.
13. Conversations avec Richard von Weizsäcker.
14. Jens Reich, *Rückkehr nach Europa*, Munich, 1991.
15. Renata Fritsch-Bournazel, *op. cit.*
16. « Ma patrie, c'est la démocratie bonnoise », s'est écrié le jeune député chrétien-démocrate Friedbert Pflüger dans le

débat parlementaire du 20 juin 1991 qui devait trancher entre Bonn et Berlin.

17. Karl Heinz Bohrer, *Provinzialismus*, dans *Merkur, op. cit.* Bohrer considère même que le chancelier Kohl s'est laissé placer dans une situation où il pouvait donner l'impression que « la politique allemande est tombée dans l'ombre des Soviétiques ».

18. Arnulf Baring, *op. cit.* La seule issue pour Baring est une alliance étroite avec les États-Unis qui fasse l'impasse sur une illusoire intégration européenne, tout en garantissant la sécurité de l'Allemagne face aux inévitables désordres de l'Europe de l'Est.

19. Hans Dietrich Genscher dans l'ouvrage collectif *Angst vor Deutschland* (La peur de l'Allemagne), Hoffmann und Campe, Hambourg, 1990.

20. Nicolas Portugalov, *Der Dornenweg zur Weltmacht* (Le chemin hérissé d'épines vers le statut de puissance mondiale), *Der Spiegel*, 8 octobre 1990.

21. Arnulf Baring, *op. cit.*

Chapitre 9

BERLIN, LE LIEU
DE TOUTES LES CONTRADICTIONS

« En vérité, il y va de l'avenir de l'Allemagne. » L'homme qui parle ainsi, en ce 20 juin 1991, dans l'hémicycle provisoire d'une capitale provisoire, est dans une chaise roulante. Wolfgang Schäuble, quarante-neuf ans, alors ministre de l'Intérieur du gouvernement Kohl, porte les stigmates de l'attentat dont il a été victime le 12 octobre de l'année précédente. Ce n'est pas la raison de l'écho recueilli par son intervention. A la fin, un vieil homme se lève du premier rang et vient s'incliner vers le fauteuil d'infirme : Willy Brandt, qui a depuis longtemps pris position lui aussi en faveur de Berlin comme capitale pleine et entière de la nouvelle Allemagne, a apprécié la hauteur de vue de son jeune collègue.

« Berlin est le symbole de l'unité et de la liberté, de la démocratie et de l'État de droit, de l'Allemagne tout entière (...) qui doit encore trouver son unité intérieure [1]. » Dans une démocratie parlementaire moderne les moments privilégiés où un débat change le cours de l'histoire sont rares. Le plus souvent, les machines de parti ont préparé la discussion et sa conclusion avec le gouvernement [2]. Le débat sur Bonn ou Berlin fut d'une tout autre dimension, non seulement parce que les députés avaient été laissés libres de leur choix par leur parti, mais surtout parce que les parlementaires allemands, malgré tous les reproches de « provincialisme » qui leur ont été adressés [3], ont eu le sentiment qu'ils étaient placés devant un choix fondamental. L'Histoire ne se ferait pas sans eux ; ils avaient le pouvoir de la façonner, quoi qu'en pensât Helmut Kohl qui, en écho au discours de Wolfgang Schäuble, déclara : « Ce n'est pas une décision sur l'avenir de la politique allemande. »

La discussion ne portait formellement que sur un point : il fallait choisir entre Bonn et Berlin pour le siège des institutions. Le problème de la capitale en tant que telle avait été réglé par le traité d'unification entre la RFA et la RDA : Berlin était la capitale de l'Allemagne. Restait à savoir où s'installeraient le chancelier, les deux Chambres du Parlement, l'immense bureaucratie ministérielle, et tout ce qui les accompagne, représentations étrangères et provinciales, bureaux de presse et organisations de *lobbying*. Les tentatives de compromis entre les différentes thèses en présence n'avaient pas manqué. Pour sauver l'économie du « village fédéral » où des milliards de deutschemarks avaient été investis depuis 1949 pour faire durer le provisoire, des esprits astucieux avaient envisagé d'envoyer le chancelier à Berlin – dans tous les cas le président fédéral devait s'y installer –, de laisser le Parlement, ou une de ses Chambres, à Bonn avec quelques ministères techniques tandis que les grandes administrations, comme les Affaires étrangères, suivraient le chancelier. A moins que ce ne fût l'inverse : le Parlement serait allé à Berlin, le chancelier serait resté à Bonn ; le chef de la diplomatie voulait absolument réinvestir les locaux prestigieux des bords de la Spree, tandis que les fonctionnaires auraient fait la navette entre Bonn et Berlin, transportant à chaque voyage des cargaisons de documents, qui auraient ravalé au rang de promenade d'agrément les déménagements mensuels des eurocrates entre Bruxelles et Strasbourg...

Toutes les variantes étaient imaginées et la solution finalement retenue serait la plus impraticable ;

les connaisseurs de la scène bonnoise en étaient convaincus. Il n'en a rien été [4] : quelques orateurs brillants, comme il en reste peu au Bundestag, ont su convaincre les députés de ne pas se dérober et, pour une fois, de choisir en assumant les conséquences de leur vote [5]. « On doit tirer son chapeau aux " vieux messieurs ", car dans un pays qui tend à ignorer l'Histoire, ils ont argumenté historiquement », a écrit un journal bonnois au lendemain du scrutin [6]. C'est vrai, à ceci près que le vote n'a pas été le résultat d'un conflit de générations, même si, pour les plus jeunes députés, Bonn symbolise mieux l'enracinement de la démocratie.

Bonn comme Berlin avaient des titres à faire valoir pour accueillir la machine gouvernementale. Le choix n'était pas technique quoique certains, sans grande conviction, aient essayé de mettre en avant les investissements réalisés ici et ceux à faire là-bas, quand ce n'était pas la perte de valeur des petites maisons au bord du Rhin; le choix était politique. Avec Berlin a été privilégié un symbole bourré de contradictions, à l'image même de l'Allemagne d'hier et d'aujourd'hui.

Capitale précaire d'une Allemagne inachevée, Bonn avait été choisi en 1949, non seulement pour sa proximité avec Rhöndorf où Adenauer avait sa maison, mais parce que mieux que Francfort, la ville rhénane matérialisait ce caractère provisoire. Berlin avait été alors réaffirmé dans son rôle de capitale... dès que la réunification serait possible. Mais au fil des décennies, Bonn a gagné ses lettres de noblesse. La « petite ville au bord du Rhin » a symbolisé l'ancrage à l'Ouest de la RFA, le lieu des valeurs démocratiques et libérales, l'intégration à l'Europe, l'Allemagne catholique et rhénane face à l'Allemagne prussienne... La « démocratie de Bonn » avait une charge aussi positive qu'avait été négatif le terme « démocratie de Weimar ».

Mais elle manquait d'histoire et de prestige. Elle était l'Allemagne coupée en deux, dont la vraie capitale divisée était à moitié occupée par un régime totalitaire ; une Allemagne à souveraineté limitée qui préférait le confort aux responsabilités politiques.

Berlin, c'est la grande ville, la métropole cosmopolite – elle le fut au moins –, au cœur d'un pays qui s'est étendu vers l'Est, un carrefour d'hommes et d'idées venus de toute l'Europe. Ce n'est plus la province, c'est le grand large, pour la plus grande frayeur des petits bourgeois bavarois qui voient déjà l'Allemagne « gouvernée depuis Kreuzberg [7] ».

Berlin fut la capitale de la Prusse. Mais la Prusse ne fut-elle pas, au temps de Frédéric le Grand, un État éclairé, comme l'a rappelé Marion von Döhnhoff au moment du retour à Potsdam des cendres du correspondant de Voltaire ? Puis la capitale de l'Allemagne nazie. Mais la ville ne résista-t-elle pas plus longtemps que d'autres à la peste brune ?

Pendant plus de quarante ans – du blocus de 1948 à l'ouverture du Mur, le 9 novembre 1989 –, Berlin, dans sa partie occidentale, a été le symbole de la liberté, au milieu des drames, des menaces soviétiques, des querelles juridiques et des ballets diplomatiques frisant parfois le ridicule. Dans sa partie orientale, elle a été aussi le lieu d'une résistance – la révolte ouvrière du 17 juin 1953 –, d'un refus – celui de se plier aux lois d'un système totalitaire pour les quelques milliers d'Allemands de l'Est qui n'acceptèrent pas de servir Ulbricht et Honecker –, et d'une véritable révolution.

Berlin a été en quelque sorte le résidu irréductible de l'unité allemande : « La ville a empêché que les Allemands oublient l'unité allemande (...) On pouvait détacher l'Autriche de l'ensemble germanique sans qu'il y ait un reste, on ne pouvait détacher la RDA de la RFA sans que subsiste le reste de Berlin [8]. » Puisque sans cette « épine dans la chair » de l'Allemagne, « l'Est serait vraiment devenu oriental et l'Ouest occidental », il était naturel que l'unité qu'elle avait défendue et incarnée lui redonne le statut que la division lui avait fait perdre [9].

Un statut obtenu tardivement, comme la première unité elle-même, dans un pays qui n'avait pas de milieu national, pas de religion commune, pas de conscience bourgeoise comme les autres pays occidentaux, pas de capitale incontestée. « L'Allemand sera, par exemple, Bavarois, membre du parti populaire de cet État, membre de telle ou telle fédération économique et de plusieurs associations, membre enfin de l'Église catholique bavaroise. Il sera tout cela avant d'être allemand tout court », notait Edmond Vermeil en 1927 [10]. Une capitale aurait été un point de référence. Mais Berlin « arriva trop tard [11] ».

La nouvelle Allemagne n'est guère plus homogène que celle des années vingt ; les particularités régionales et religieuses y jouent toujours un rôle important, si les divisions sociales y sont nettement moins marquées. La catastrophe de la guerre et de la défaite, l'afflux des réfugiés, le brassage des classes, le « miracle » économique ont égalisé les niveaux de vie de telle sorte qu'une immense classe moyenne semble occuper tout l'espace de l'ancienne RFA. La réunification a changé cette situation dans la mesure où un fossé apparaît maintenant entre l'Ouest et l'Est, qui ne sera pas comblé de sitôt.

Berlin est aussi dans ce sens une référence pour les Allemands de l'Est qui ignorent tout de Bonn. Sans doute n'est-ce plus le Berlin d'autrefois. Le Berlin de la République de Weimar tant décrié, qui fut pourtant un pôle culturel de l'Europe de l'entre-deux-guerres, un creuset dans lequel s'épanouirent toutes les idées, toutes les tendances, tous les arts qui avaient pris naissance au tournant du siècle. « Berlin était le lieu où tout se passait [12] », avec un « débordement d'idées, d'improvisations artistiques, scientifiques et sociales », dont Gottfried Benn attribue en grande partie le mérite aux juifs – un tiers des juifs allemands vivaient alors à Berlin – « au don naturel de cette partie de la population, à ses relations internationales, à sa sensibilité à fleur de peau, et surtout à son instinct infaillible de la qualité [13] ».

Ces milieux intellectuels juifs qui allaient de Vienne à Paris et à Berlin, voire à Moscou, jusqu'au début des années vingt, se jouant des frontières de l'Europe, n'existent plus. Ceux qui ont survécu à l'Holocauste ont été largement « nationalisés » et coupés de leurs attaches centre-européennes par la division de l'Europe en deux blocs. Ce vecteur à la fois de l'unité européenne et de l'existence d'une *Mitteleuropa* culturelle sera difficile à remplacer ; la perméabilité des frontières rétablie après 1989, à elle seule, n'y suffira pas.

Ensuite la ville va être absorbée par ses propres problèmes, d'urbanisme, de circulation, d'intégration des deux parties qui se sont développées séparément, l'une maintenue artificiellement à niveau par des subventions, l'autre pompant arbitrairement les maigres ressources de tout le pays pour que la « vitrine du socialisme » ne soit pas trop grise. Le centre historique, stérilisé par la division et éventré par le Mur, doit être reconstruit. Autrefois capitale de l'Allemagne et de la Prusse – l'État le plus puissant –, Berlin est aujourd'hui un îlot sans arrière-pays, un pôle de développement au milieu d'un désert économique.

Aussi ne lui sera-t-il pas aisé de retrouver sa vocation antérieure à 1933. « Plus sûrement que par des lois, l'unification de l'Allemagne se fera par la force d'attraction exercée par le foyer de civilisation que cette ville a réussi à devenir par elle-même, écrivait Heinrich Mann. Oui, aussi improbable que cela ait pu paraître en rêve, Berlin deviendra la capitale de prédilection [14]. » Mais la prédiction paraît aussi optimiste que le constat était prémonitoire : « C'est à Berlin que l'on vit aujourd'hui par anticipation les prémices de ce que sera l'avenir de l'Allemagne. Que celui qui sait saisir l'espérance regarde vers Berlin. »

Quand les députés allemands ont voté en faveur du transfert du gouvernement et du Parlement de Bonn à Berlin (dans les dix prochaines années toutefois et avec quelques beaux restes pour la ville rhénane...), avaient-ils conscience de choisir plus qu'une ville, une nouvelle politique pour leur pays ? « Au moment où le monde entier – ou prétendument le monde entier – plaide pour que l'Allemagne sorte de sa niche, (...) les Allemands eux-mêmes doivent-ils rester cachés à Bonn ? » se demande l'hebdomadaire *Die Zeit*, où les journalistes avaient des avis plutôt partagés. Il ne faudrait pas que d'un seul coup, parce que l'Allemagne est réunifiée et que Berlin a été choisi comme capitale et ville gouvernementale, tout ce qui a été fait à Bonn depuis quarante ans soit dénigré et méprisé, abaissé sous le vocable de « provincialisme ».

Dans les années vingt, l'opposition métropole-province se posait déjà dans des termes analogues. Ce n'est pas un problème spatial mais social. La province, c'est « une autre forme de vie », la représentation de « l'idéologie petite-bourgeoise » et de « la morale pharisienne ». Berlin n'est pas la garantie qu'une autre politique, plus ample, plus responsable (plus ambitieuse ?), sera menée par le gouvernement, mais le choix de Bonn contre Berlin aurait été compris comme le triomphe de la pusillanimité et aurait renforcé les tenants de la thèse « provincialiste ». « Berlin n'est que le nom de code négatif de l'idée que, dans un avenir pas très lointain, on attendra davantage de la politique allemande que ne l'imagine Lafontaine et que ne le peut vraisemblablement Kohl [15]. »

Le symbole de cette impardonnable retenue est le ministre des Affaires étrangères Hans Dietrich Genscher, pourtant un partisan de la première heure du déménagement à Berlin. Pour ses adversaires qui se recrutent surtout dans les rangs de la démocratie-chrétienne, le « genschérisme » est synonyme de surestimation de la diplomatie et sous-estimation de la solidarité atlantique, de priorité aux mécanismes paneuropéens voulus par feu l'URSS, d'orientation exclusive de la politique extérieure vers les questions allemandes et européennes. A Berlin, la politique nationale a enfin une chance de sortir de ce « genschérisme de province » et de mettre fin à la « politique de Sancho Pança [16] ».

C'est vite dit et c'est injuste. Hans Dietrich Genscher a poursuivi, depuis 1974, la politique extérieure qui avait été menée par la coalition libérale-socialiste sous la direction de Willy Brandt, et esquissée déjà sous la grande coalition entre le SPD et la CDU, de 1966 à 1969. Malgré les inévitables polémiques et à quelques exceptions près, cette politique a fait l'objet, dans ses grandes lignes, d'un vaste consensus de la classe politique et de l'opinion ; il s'agissait pour la RFA, arc-boutée à l'Alliance atlantique et à la Communauté européenne, d'œuvrer à la diminution des tensions entre les deux blocs, dans le but ultime de régler « la question allemande », ce qui ne pouvait manquer de prendre du temps, et, en attendant que cet objectif soit atteint, d'obtenir plus modestement des améliorations dans les conditions de vie des Allemands de la RDA.

Cette orientation a eu au moins trois conséquences. Premièrement, la politique extérieure portait très mal son nom car elle n'était ni « extérieure » ni « étrangère », dans la mesure où l'Allemagne en était le centre. C'était une diplomatie autocentrée. Cette imbrication fait dire à Karl Kaiser que la République fédérale n'a pas « créé sa politique extérieure mais la politique extérieure a créé cette entité étatique [17] ».

Deuxièmement, la diplomatie a été déterminée par son environnement européen et orientée vers lui. Non que le ministère des Affaires étrangères manquât de bons spécialistes de l'Afrique, de l'Asie, du Proche-Orient ou de l'Amérique latine, mais la priorité était donnée à l'Europe, aux relations transatlantiques et aux rapports Est-Ouest. Cette impréparation à des événements survenant hors de cette zone contribue à expliquer les hésitations allemandes dans la crise du Golfe, au moment où justement la diplomatie de la RFA atteignait son but ultime, à savoir la réunification.

Autrement dit — et c'est la troisième conséquence —, la diplomatie allemande a achevé sa tâche spécifique; elle doit se reconvertir, s'élargir, s'extraire de son environnement immédiat. La question se pose alors de la « mondialisation » de la politique allemande, ce que les critiques de la République de Bonn appelleraient sa « déprovincialisation ».

Doit-elle agir selon « de nouveaux critères » libérés des pesanteurs inhérentes à l'ancienne République fédérale, comme le souhaitent certains penseurs de la démocratie-chrétienne? Ou doit-elle tenir compte du fait que la nouvelle Allemagne est « tout autant le résultat d'une constellation internationale » et que les circonstances dans lesquelles elle est née continueront à influer sur elle [18]? Berlin peut y aider. Soumise aux vents venus de l'Est, la ville n'oubliera pas pourtant que, pendant quarante ans, elle a été le symbole de la liberté, le poste avancé de l'Occident, mais aussi le chaudron dans lequel ont bouillonné toutes les expériences sociales de l'Allemagne nouvelle. Cette prise de conscience ne pousse pas nécessairement à la timidité mais elle devrait mettre en garde contre tout messianisme.

NOTES

1. Discours de Wolfgang Schäuble, dans *Die Zeit*, 28 juin 1991.
2. Ce n'a pas été le cas dans le débat sur l'Ostpolitik, en 1972, quand un vote de défiance constructive qui aurait dû aboutir au remplacement du chancelier Brandt par son rival chrétien-démocrate Rainer Barzel échoua, contre toute attente, à deux voix près. Mais les deux députés en question avaient été moins convaincus par les arguments avancés à la tribune que par des moyens sonnants et trébuchants, dont certains auraient pu venir de RDA. A ce jour, l'affaire n'a pas été totalement éclaircie.
3. Voir Karl Heinz Bohrer, *op. cit.*
4. Certains ministères, comme la Défense et les Communications, resteront cependant à Bonn.
5. Finalement 338 députés se sont prononcés en faveur de Berlin et 320 pour Bonn.
6. Cité par *Die Zeit*, 28 juin 1991.
7. A propos du débat sur la capitale, le ministre-président de Bavière, Max Streibl, a parlé de « la variante appelée Kreuzberg ». Il s'agit d'un quartier de Berlin-Ouest à forte proportion de population turque et d'« alternatifs ». Cité par Karl Heinz Bohrer, *op. cit.*
8. *L'Allemagne de Rudolf von Thadden*, *op. cit.*
9. Arnulf Baring, *op. cit.* Le régime est-allemand a essayé de séparer la ville en deux morceaux : Berlin-Ouest, qu'il voulait considérer comme une ville autonome, et la partie orientale, capitale de la RDA, qui revendiquait pour elle seule le nom de Berlin.
10. Edmond Vermeil, *La Démocratie en Allemagne*, cité par Jacques Le Rider, *L'Allemagne de la division...*, *op. cit.*
11. Christian von Krockow, *op. cit.*
12. *Ibid.*
13. Gottfried Benn, *Doppelleben* (Double vie) dans *Œuvres complètes*, 4 vol., Wiesbaden, 1958-1961. Voir aussi à ce sujet Shulamit Volkov, *op. cit.*

14. Heinrich Mann, *Als wär's ein Stück von mir* (Comme si c'était un morceau de moi), Francfort-sur-le-Main, 1966.
15. Karl Heinz Bohrer, *op. cit.*
16. *Ibid.*.
17. Karl Kaiser, *Deutschlands Vereinigung...*, *op. cit.*
18. *Ibid.*

Chapitre 10

IDÉALISME CHEZ LES PETITS-BOURGEOIS

« La pensée précède l'action comme l'éclair, le tonnerre : le tonnerre allemand est bien un Allemand, il n'est pas très leste et sa progression est plutôt lente ; mais il viendra et, lorsque vous l'entendrez approcher un jour dans un fracas tel que l'histoire du monde n'en a jamais connu, vous saurez que le tonnerre allemand a enfin atteint son but [1]. » Le tonnerre allemand annoncé par Heine est venu ; nul ne peut dire s'il a atteint son but, mais le fracas a été tel que les échos s'en font entendre encore aujourd'hui et qu'ils ne sont pas près de se taire.

Et le fracas a été tel qu'il a tué dans l'œuf chez les Allemands toute velléité de se mettre de nouveau au service d'idéaux. Le national-socialisme pour tous, puis le stalinisme pour les Allemands de l'Est, ont servi de leçon. Le risque d'une rechute dans le nationalisme, dans la haine de l'étranger et dans le militarisme, est minime, comme a pratiquement disparu l'exaltation d'un État d'essence supérieure aux individus, maître des destinées.

Ce que veulent les Allemands aujourd'hui, c'est garder leur confort, ne pas se mêler de ce qui ne les regarde pas, éviter les conflits qui risqueraient de mettre en danger leur vie privée. L'unification les a un peu secoués, mis « à l'air libre et à ciel ouvert [2] ». Une boutade court dans l'ex-RDA : « Les gens à l'Ouest n'ont plus d'idéaux. Ceux de l'Est ont un idéal : l'Ouest[3]. » A terme pourtant, l'arrivée des 16 millions d'Allemands de l'Est devrait plutôt renforcer la tendance à vivre dans des « niches », car ces derniers ont adopté une attitude comparable à celle de leurs compatriotes de l'Ouest. Aux raisons communes – eux aussi ont vécu le traumatisme du nazisme et de la défaite –, s'en sont ajoutées de nouvelles ; leur méfiance par rapport aux idéologies a été renforcée par quarante ans de régime communiste. Premier représentant de la RFA à Berlin-Est, de 1974 à 1981, Günter Gaus a parfaitement décrit « la niche de la vie privée comme forme dominante d'existence en RDA », comme espace délimité par l'appareil mais dans lequel l'individu pouvait se mouvoir « librement » à condition d'en respecter les règles[4]. Afin d'échapper à l'emprise de l'État, il n'y avait, pour ceux qui refusaient d'entrer au SED ou de collaborer avec la Stasi, qu'une solution : le repliement sur soi, le refus de tout contact avec le système, qui se transformait rapidement en méfiance vis-à-vis de la politique en général. « Nous étions comme des huîtres », dit Jens Reich, qui refermaient leur coquille pour ne pas être compromis[5]. Cette attitude se situe rigoureusement dans la tradition allemande de la liberté intériorisée, individualisée, autonome par rapport à un extérieur défini selon les lieux et les moments comme société, politique ou pouvoir[6]. Les deux plans, individuel et social, ne se recoupent pas, à tel point que – à la limite – le mode de vie dans l'un et l'autre peut être totalement différent, voire contradictoire. Cette remarque vaut pour les rapports que certains intellectuels contestataires entretenaient en RDA avec la police politique : « La vraie vie était la vie privée. Pour la protéger, on devait faire preuve de bonne volonté avec toutes les instances de la société, y compris donc avec la Stasi[7]. »

Cette primauté du privé, en réaction à la surdomination de l'État – nazi puis communiste –, n'a pas rendu les Allemands insensibles aux grandes causes.

Au contraire, les bonnes œuvres sont leur affaire. « Chaque fois que la solidarité de " l'Allemand moyen " est sollicitée, il charge des camions et envoie des paquets », écrit ironiquement Peter Schneider, en rappelant les opérations en faveur des Polonais en 1982, de l'URSS dépeinte comme étant au bord de la famine en 1990, et des Kurdes l'année suivante. L'hiver 1991-1992 a offert aux Allemands une nouvelle occasion de manifester leur solidarité avec les anciens Soviétiques affamés et de se montrer, une fois de plus dans cette action, les plus efficaces et les plus généreux, donc les meilleurs. « Nulle part au monde on ne ramasse autant d'argent pour les bonnes causes et on n'enveloppe autant de petits paquets qu'en Allemagne [8]. » C'est comme si la charité était là pour compenser une absence de prise de position politique quand il y avait quelques risques à courir, en faveur de Solidarité en Pologne, de l'indépendance des Baltes, etc.

A l'Ouest on professe un pragmatisme proche de l'utilitarisme [9], à l'Est on a peur des conflits, on a besoin de sécurité et on se méfie de l'étranger; dans les deux parties de la nouvelle Allemagne, la culture petite-bourgeoise reste dominante. Ce pragmatisme devenu une seconde nature est-il très rassurant pour autant? Peut-être pas, car les Allemands ont cette propension à être pragmatique avec le même systématisme, voire le même fanatisme, qu'ils étaient idéalistes ou romantiques, développant une sorte de « pangermanisme pacifique » radical. C'est chez les pacifistes que les luttes de tendances sont les plus... violentes, comme l'histoire des Verts l'a amplement démontré. « C'est un paradoxe apparent : le pragmatisme extrême dans l'Allemagne occidentale de l'après-guerre, la méfiance générale par rapport aux idéaux et l'orientation pratiquement exclusive vers le succès économique sont la conséquence d'un trop-plein d'idéalisme (avorté) (...) En 1945 comme en 1989, nous voyons en Allemagne une réaction extrême contre un passé extrême. De l'expérience selon laquelle on est prêt à commettre des crimes au nom d'idéaux, on a tiré et on tire la conclusion que les idéaux conduisent au crime et sont donc à éviter [10]. »

Le danger est double et apparemment contradictoire. D'une part, le primat du privé, du non-politique, voire de « l'antipolitique [11] », risque de pousser les Allemands à se retirer des affaires du monde, pour se replier sur la « communauté », lieu d'unité et de cohésion culturelle, par opposition à la société, à la politique, synonyme de division et de luttes d'intérêts particuliers, alors que l'Allemagne, parce qu'elle est la troisième puissance économique, a un rôle à jouer. D'autre part, l'histoire allemande a montré que, les mouvements de balancier y étant toujours d'une ampleur inégalée, la réaction au refus de la politique risque d'engendrer un jour une « suridéologisation » des problèmes qui conduise non plus à des décisions pesées, raisonnées, équilibrées, mais à des engouements extrêmes.

C'est ainsi par exemple que les étudiants rebelles de 1968 ont répondu par une « surproduction d'idéologie » au « vide moral que la génération dénazifiée des fondateurs de la République fédérale avait laissé [12] ». C'est ainsi encore que le mouvement pacifiste et écologique a tendance à vouloir résoudre tous les problèmes intérieurs ou toutes les questions internationales par des mesures écologiques, comme si l'esprit de système devait chaque fois permettre d'échapper à la politique, qui est l'art de la discussion et du compromis.

« On pourrait presque croire que les Allemands possèdent un irrésistible penchant non seulement à compliquer les choses simples, mais aussi à voir dans chaque événement une raison, voire une obligation morale (un impératif catégorique!) de devenir hystérique [13]. » La réaction allemande à la catastrophe de Tchernobyl illustre parfaitement ce propos. L'opinion publique en RFA, bien au-delà des milieux influencés par les Verts, y a vu la preuve de la nocivité de l'énergie nucléaire en général, et la confirmation du danger représenté par les missiles à moyenne portée dénoncés par les pacifistes. Les questions proprement politiques sur la sécurité des installations soviétiques, les méthodes de construction, etc., ne furent pas posées mais, plusieurs années après, les Allemands hésitaient à ramasser des champignons en Basse-Saxe ou à manger des salades vertes qui n'auraient pas été lavées cinq fois à l'eau distillée!

La réaction en France à l'explosion de Tchernobyl a sans doute été marquée par la légèreté. Nous nous sommes, le plus souvent, contentés des explications officielles apaisantes. Mais la différence d'attitude entre les Français et les Allemands ne tient pas au fait que les vents radioactifs se seraient arrêtés sur le Rhin, comme l'ont affirmé sans rire les autorités. Elle s'explique outre-Rhin par cet « impératif catégorique » kantien de « devenir hystérique », l'absolu des principes évitant les questionnements, les doutes, les incertitudes sur les responsabilités et la fragilité des décisions. A la suite de Max Weber, Wilhelm Hortmann oppose « l'éthique des principes » à « l'éthique de la responsabilité », la première est une morale absolue d'intentions pures, la seconde jauge les conséquences probables des actes. Avec la première, on ne peut pas gouverner un État, on ne peut que se perdre dans la protestation [14]. L'Allemagne, disait Dostoïevski, c'est la protestation. Et les Allemands ont une prédilection pour « l'éthique des principes » qui permet d'atteindre l'absolu dans l'intériorité individuelle ou dans la communauté, « l'éthique de la responsabilité » étant dans la meilleure des hypothèses présente dans la société politique.

Ah! comme la vie serait tranquille, les affaires faciles, s'il ne fallait pas choisir! Si l'on pouvait être à la fois pour Israël et en faveur des Arabes, pour la paix générale et la défense de l'Occident, pour l'harmonie universelle et la fin du communisme! En

1927, Edmond Vermeil, dans son texte *la Démocratie en Allemagne* [15], relevait déjà cette incapacité allemande à trancher : « La France demande à l'Allemagne de se prononcer, de faire connaître sa volonté, d'être par exemple pour ou contre la Russie. L'Allemagne ne répond pas, ne peut pas répondre à pareille attente (...) Elle se meut obscurément, sous la poussée des organisations solides qui la composent, sans pouvoir dire ce qu'elle veut. » Dans une large mesure, la première phrase reste vraie. La seconde l'est beaucoup moins, car il n'existe plus dans la deuxième république allemande ces organisations solides – et obscures – qui faisaient leur travail de sape contre la République de Weimar. Mais la conclusion de Vermeil reste pertinente : « A ce titre, l'Allemagne est et reste une énigme. »

Tout était plus simple quand le monde était en noir et blanc. En 1949, rappelle Rudolf Wassermann, « il était facile de distinguer le bien du mal. Le bien s'incarnait dans les idées de la démocratie occidentale, le mal dans l'idéologie et la pratique des systèmes totalitaires du national-socialisme et du communisme [16]. » Mais la réalité est plus complexe, plus contrastée ; elle ne s'accommode pas facilement des positions tranchées, du tout ou rien, de cette « propension aux valeurs absolues, au lieu du relativisme, moins sublime mais combien plus humain de l'action, oui de la politique [17] ».

Quand le manichéisme ne fonctionne plus, tous les repères sont bousculés et toute décision devient impossible ou déchirante. La difficulté des Allemands à choisir un camp a été illustrée pendant la crise du Golfe. La gauche a été déboussolée, parce que ses repères habituels n'étaient plus opérationnels. « Plus jamais la guerre ! », « Plus jamais Auschwitz ! » Ces deux impératifs avaient déterminé la conscience antifasciste de l'après-guerre. Ils avaient toujours marché de pair. Il était évident que les fauteurs de guerre étaient les revanchards, nostalgiques de l'ancien régime, ceux qui portaient directement ou indirectement une part de responsabilité dans l'Holocauste.

Avec la guerre du Golfe et les menaces irakiennes contre Israël, les deux impératifs devenaient brusquement contradictoires. Afin qu'il n'y ait « plus jamais Auschwitz », afin que les juifs ne risquent pas une nouvelle fois d'être gazés, il fallait – peut-être – accepter la guerre. Et cette perspective était tellement insupportable à une partie de l'extrême gauche allemande (les « fondamentalistes » verts, notamment) qu'elle prit fait et cause contre Israël accusé d'être responsable du conflit. Ce qui fait écrire à Thomas Rothschild que « le pacifisme est l'envers exact du militarisme, lié dialectiquement à lui et partant des mêmes prémisses [18] ».

C'est la part angélique de l'Allemagne qui s'oppose et répond à sa part maudite; c'est l'utopie de l'harmonie, contre l'utopie de l'ordre. C'est une idéologie qui « cherche un monde au-delà du monde, qui attend l'utopie, chère à Novalis, de la paix universelle, et jusque-là, ne participe pas aux affaires du monde », qui croit aux « contes de fées de la fin des frontières, de la fin du dualisme mondial, de la fin de la politique [19] », de la fin de l'Histoire, au sens où l'entendait Fukuyama dans son célèbre article, dans ce qu'elle a de tragique et de contradictoire.

D'où l'admiration d'une grande majorité d'Allemands, de quelque tendance politique qu'ils se réclament, pour Mikhaïl Gorbatchev qui semblait annoncer ces temps nouveaux. D'où aussi cette prédilection pour les systèmes d'alliance dans lesquels la RFA, jadis paria, retrouve sa personnalité, et les organisations multinationales, les institutions paneuropéennes, où « ce qui compte, c'est le compromis, l'accord sur les questions qui n'engagent à rien, bref la poursuite d'une politique sans heurts [20] ».

Le danger « d'hystérie, de dépression, de fanatisme quasi religieux » s'accroît quand « cette politique sans heurts n'est plus considérée comme un moyen pragmatique, mais qu'elle est érigée en principe et qu'elle proclame l'harmonie comme but ultime[21] ». On voit alors appraître ce *Pastorenpazifimus*, ce pacifisme de pasteur, qui rappelle que Hegel voyait déjà dans les Allemands « un peuple de Quakers ». Et justement ces pasteurs ont joué un rôle déterminant dans le mouvement démocratique en RDA; comme ils ont été actifs dans les mouvements contestataires en Allemagne de l'Ouest, neutralistes dans les années cinquante, écologistes et pacifistes dans les années quatre-vingt. Cette idée fondamentalement « apolitique » qu'on peut fonder une politique sur le Sermon sur la Montagne[22], cette conception rousseauiste de l'harmonie naturelle traversaient les mouvements romantiques du XIX siècle, les mouvements de jeunes qui retournaient vers la nature, les *Wandervögel* qui « manifestaient à travers les champs et les forêts en agitant la fleur bleue du romantisme[23] ». Sans tomber dans l'amalgame on peut noter que ce côté paysan et pastoral a été récupéré par le nazisme. Peut-on alors penser que « cette idylle provinciale s'est d'autant plus présentée aux Allemands d'après la guerre comme la part autorisée de l'héritage du nazisme que la part héroïque interdite était définitivement disqualifiée[24]? »

C'est une composante parmi d'autres du mouvement écologique en Allemagne qui a dépassé de beaucoup les frontières du parti vert, alors que la culture allemande redécouvrait le terroir *(Heimat)* à partir des années soixante-dix[25]. Un groupe d'études proche des Verts a publié en 1986 un plan pour un « Morgenthau vert[26] » qui proposait de faire de l'Allemagne une puissance agricole démilitarisée!

Comme le note von Krockow, « derrière le *Prinziphoffnung* (l'espérance de principe) guettait un désespoir absolument réel, né de l'inévitable déception de l'utopie : à partir de là, les chemins mènent soit vers la haine et la violence qui serviront à surmonter cette déception, soit vers la dépression, la peur de la chute, la fuite dans le cynisme ou dans une sorte de dolence intérieure[27] », oscillant entre ce que Joseph Rovan a appelé « le millénarisme et le désarroi[28] ».

C'est ainsi que le pragmatisme le plus forcené, le matérialisme fanatique, pour reprendre les expressions de Peter Schneider, peuvent conduire à une nouvelle forme d'idéalisme, tout aussi éloigné des réalités que les rêves de domination pangermaniques, quoiqu'il soit plus inoffensif dans ses conséquences. « L'idée que si nous nous comportons pacifiquement, explique Arnulf Baring, tous les autres feront de même, parce que tout dépend de nous, de notre bon exemple, de la volonté inconditionnelle de paix des Allemands, est encore une surestimation de soi[29] », une « perte du sens des réalités » dans laquelle le journaliste et historiographique d'Hitler, Joachim Fest, voit « l'élément véritablement typique, fondamentalement allemand dans le national-socialisme ». Parce qu'ils sont particulièrement éloignés du réel, les Allemands sont particulièrement vulnérables aux visions démesurées. La vraie question est de savoir si cet idéalisme participe de la même essence, s'il se nourrit aux mêmes sources, et s'il dénote cette incapacité à traiter tranquillement et contradictoirement des problèmes concrets.

Le hiatus entre l'idéologie et la réalité s'explique non par la « nature » allemande, mais par l'Histoire, par le fait que les Allemands « ont été coupés pendant des siècles de la praxis et de l'expérience politique[30] ». On retrouve ici l'idée des ravages entraînés par la guerre de Trente Ans et les conséquences de l'échec de la révolution bourgeoise de 1848. Les forces sociales montantes ont été coupées du pouvoir, de la pratique politique, du concret des luttes sociales, et se sont réfugiées dans l'idéologie où les Allemands « eurent le sentiment d'avoir égalé et surpassé au plan de l'esprit ce que d'autres avaient accompli sur le théâtre de l'Histoire[31] ». Dans la sphère idéologique avaient lieu tous les bouleversements qui ne pouvaient se faire dans la réalité. C'est en réaction contre cette « idéologie allemande » que Marx situera la tâche du philosophe dans la transformation du monde, et non dans son explication [32].

Comme un gant, l'idée se retourne. La coupure entre l'idéologie et la réalité a pour autre conséquence extrême une confusion entre les deux. Quand ils veulent abolir la distance, les Allemands en arrivent à confondre la réalité et la représentation qu'ils en ont [33]. C'est l'histoire de la Fraction armée rouge, dans les années soixante-dix, dite « bande à Baader ».

Les étudiants rebelles de 1968 ne sont pas seulement solidaires des combattants vietnamiens ou des spoliés du tiers-monde ; ils s'identifient avec ces combattants et ces spoliés ; plus, certains *sont* ces combattants, jusqu'à la folie et au terrorisme, et ils luttent les armes à la main contre l' « impérialisme américain » dans son bastion ouest-allemand, comme les Vietnamiens dans les rizières du Mékong.

L'incertitude allemande se situe dans l'intervalle entre le refus pragmatique des idéologies tiré des leçons de l'Histoire, la récusation idéaliste des idéaux, l'utopie d'une harmonie universelle qui nie la politique et la « sanctuarisation » de la vie privée, refuge de la sécurité et de l'ordre. Ces composantes se retrouvent autant en RFA qu'en RDA – tranquillité et étroitesse, confort et bureaucratie, ardeur au travail et fuite devant les responsabilités – avec cette différence fondamentale qu'à l'Ouest les institutions démocratiques – et il ne s'agit pas ici du parlementarisme seulement, mais de toutes les formes sociales de la démocratie (dans les entreprises, les syndicats, l'armée, l'Église protestante, etc.) – ont contribué à transformer les mentalités, à développer, malgré le « provincialisme » dénoncé par Karl Heinz Bohrer, un *Verfassungspatriotismus*, un patriotisme de la Constitution, dans lequel certains voient déjà une identité nationale au-delà de la nation, un patriotisme au-delà de la patrie.

La réponse à la question « Que veut l'Allemagne ? » se trouve dans la capacité des Allemands réunifiés à faire vivre les institutions démocratiques, à accepter les débats et les conflits d'intérêts sans hystérie ou fanatisme, sans esprit de système et sans exclusive, en gardant sur les choses et les gens un regard distancié, en écartant l'idée que toute anomalie remet en cause de fond en comble les certitudes les mieux établies ; dans la capacité à ne pas sombrer dans le repli sur soi qui n'est que l'envers déprimé des tentations hégémoniques.

Faut-il que ce soit un Polonais qui exhorte les Allemands à ne pas confondre leur tranquillité avec la paix [34] ?

NOTES

1. Heinrich Heine, conclusion de *De l'histoire de la religion et de la philosophie en Allemagne*.
2. L'expression est de la porte-parole des Verts au Bundestag, Antje Vollmer, 15 septembre 1990.
3. Cité par Jutta Voigt, dans *Zeit Magazin*, 2 août 1991.
4. Günter Gaus, *Wo Deutschland liegt* (Où l'Allemagne se trouve), Hoffmann und Campe, Hambourg, 1983.
5. Jens Reich, *op. cit.*
6. Sur la définition de la liberté dans l'idéologie allemande, voir Louis Dumont, *op. cit.*
7. Klaus Hartung à propos du cas Sacha Anderson, *Die Zeit* du 3 janvier 1992. Voir aussi *supra* chapitre I.
8. Peter Schneider, *Die Angst der Deutschen vor den Idealen* (La peur des Allemands face aux idéaux), dans le *Frankfurter Allgemeine Zeitung*, 13 mai 1991.
9. Werner Weidenfeld et Karl-Rudolf Korte, *Die Deutschen...*, *op. cit.*
10. Peter Schneider, *op. cit.*
11. György Konrad, *Antipolitik. Mitteleuropäische Meditationen* (Antipolitique. Méditations mitteleuropéennes), Francfort-sur-le-Main, 1985. Voir aussi Thomas Mann, *Confessions d'un apolitique*, Grasset, 1975. Une étude de texte très serrée en est proposée par Louis Dumont, *op. cit.*
12. Peter Schneider, *op. cit.*
13. Christian von Krockow, *op. cit.*
14. Wilhelm Hortmann, *Frankfurter Allgemeine Zeitung*, 27 février 1991.
15. Edmond Vermeil, *La Démocratie en Allemagne*, novembre 1927, dans *La Revue d'Allemagne*, vol. 1, n° 1. Cité par Jacques Le Rider, dans *L'Allemagne de la division...*, *op. cit.*
16. Rudolf Wassermann, *Abwehrbereit ohne Vorbehalt der Richtung*, dans le *Frankfurter Allgemeine Zeitung*, 2 juillet 1991.

Rudolf Wassermann, ancien président de l'Association des juristes sociaux-démocrates, prône une defense de la constitution contre tous ses adversaires.

17. Cora Stephan, *Der Spiegel*, 4 février 1991.

18. Cité par Lothar Baier, dans *Die Zeit*, 19 juillet 1991.

19. Karl Heinz Bohrer, *Provinzialismus*, op. cit.

20. Christian von Krockow, op. cit.

21. *Ibid.*

22. Franz Alt, *Frieden ist möglich. Die Politik der Bergpredikt* (La paix est possible. La politique du Sermon sur la Montagne). Munich-Zurich, 1983. Cité par Christian von Krockow, op. cit.

23. *Christian von Krockow, op. cit.*

24. Karl Heinz Bohrer, op. cit. Selon Bohrer, les nazis opposaient « l'idylle paysanno-terrienne et villageoise » à la « modernité de la grande ville, conçue comme étant corrompue par l'Occident et les milieux judéo-intellectuels ».

25. Anne-Marie Le Gloannec, *La Nation orpheline*, op. cit.

26. Le plan Morgenthau est le nom donné aux propositions du secrétaire américain au Trésor pendant la présidence Roosevelt, qui, après 1945, a lancé l'idée de transformer l'Allemagne « en un vaste champ de pommes de terre », pour qu'elle ne soit plus tentée par les aventures militaires. Le « groupe d'études pour un Morgenthau vert » a publié des *Perspectives pour une politique économique écologique - Esquisses pour la culture d'un nouveau monde économique*, Francfort-sur-le-Main, New York, 1986.

27. Christian von Krockow, op. cit.

28. Joseph Rovan, *L'Allemagne du changement*, Calmann-Lévy, 1983.

29. Arnulf Baring, op. cit.

30. Christian von Krockow, op. cit.

31. Louis Dumont, op. cit.

32. Karl Marx, *Thèses sur Feuerbach*.

33. Joseph Rovan fait allusion à la « politique de la Palmström », du nom d'un héros du poète Christian Morgenstern qui disait : « Le monde doit être comme il devrait être. » Dans *France-Allemagne*, op. cit.

34. Wladyslaw Bartoszewski, lors de la réception du Prix de la paix des libraires, en 1986, à l'occasion de la Foire de Francfort : « Le soupçon naît justement que, dans beaucoup de cas, il s'agit plus de son propre calme et de sa propre tranquillité que de la paix, et que la paix est devenue l'objet d'une manipulation ». Cité par Peter Schneider, op. cit.

Chapitre 11

FIN OU NAISSANCE D'UNE NATION?

Peuple sans nation, sans histoire, sans fête ni hymne national, dans un État divisé, les Allemands ont-ils retrouvé avec l'unité ce dont la défaite du IIIᵉ Reich et la coupure de l'Europe en deux blocs les avaient privés? Pour la France de la Libération, qui venait de vivre les années de l'Occupation et de la division, la question ne se posait même pas : la nation, l'unité nationale, l'identité nationale, la République une et indivisible, toutes ces notions vont tellement de soi que toute tentative d'explication est superflue.

Pour les Allemands, il n'en est rien. Günter Grass et Stefan Heym, l'un de l'Ouest – encore que né à Dantzig –, l'autre de l'Est – bien qu'il ait combattu dans l'armée américaine –, tous deux critiquent à des titres divers la réunification et posent la même question : « Comment une unité nouvelle doit-elle concrètement s'enraciner dans la conception que les Allemands ont d'eux-mêmes, dans leur sentiment d'identité [1]? » Cette identité ne peut se référer simplement au temps d'avant la division, à la première unité nationale, parce que celle-ci fut porteuse de drames. Définissant la nation, Renan parlait « d'un riche legs de souvenirs », de « la volonté de faire valoir l'héritage qu'on a reçu indivis ». En Allemagne, pas de riche legs, pas d'héritage indivis, ou plus exactement, pas de conscience commune de les avoir reçus. Le premier président de la République fédérale, Theodor Heuss, disait que le plus grand tort d'Hitler et de ses semblables, c'était d'avoir souillé le nom d'Allemand. La langue elle-même n'est pas épargnée, la langue « de Goethe et d'Auschwitz ». En écho à Heine qui jugeait l'Allemagne une « patrie difficile », un autre président de la République fédérale, Gustav Heinemann, répondait un peu pincé à des journalistes qui lui demandaient s'il aimait l'Allemagne : « J'aime ma femme. » Dans peu d'autres pays européens autant qu'en Allemagne, le scepticisme à l'égard de l'État-nation est aussi fort, parce que « nulle part ailleurs l'État-nation a aussi effroyablement échoué » et qu'il n'a jamais vraiment existé comme norme [2].

Comment alors recréer une nation ? Mais peut-être cette nouvelle identité ne s'incarne-t-elle pas dans l'idée nationale traditionnelle que Hans Magnus Enzensberger, alors chantre des contestataires, jugeait en 1967 « plus coriace que jamais [3] », parce que la nation elle-même serait dépassée ou en voie de l'être ? Tout se passe comme si la réunification pouvait marquer en même temps la renaissance et la fin de la nation allemande, parce que la nation allemande à peine retrouvée devrait se perdre dans un ensemble plus vaste. « Événement post-national [4] », la réunification donnerait à l'Allemagne la chance de montrer la voie d'un double dépassement : un abandon de souveraineté au profit de l'Europe et la définition d'un nouveau patriotisme qui ne serait plus fondé sur des idéaux nationaux, mais sur la défense de valeurs à vocation universelle. « Les Allemands ont retrouvé leur identité comme nation, écrit Rüdiger Altmann, pour l'intégrer dans l'Europe unie. » Car « du point de vue de la réunification nationale, la République fédérale était une formation provisoire. Dans la perspective de l'unification européenne, la nation existe à l'état intérimaire [5] ». Et l'Allemagne est la mieux placée de tous les membres de la Communauté pour montrer l'exemple.

Cette idée n'est pas entièrement nouvelle et n'est pas l'apanage des milieux intellectuels de gauche. Franz Josef Strauss en 1967 – la même année où Enzensberger se gaussait de l'hymne allemand – esquissait une politique d'unité « dans un grand espace à l'intérieur duquel la nation pourrait à nouveau vivre en commun de manière naturelle », compte tenu du fait que « l'État-nation constitue un élément dépassé [6] ». Mais la réunification a en quelque sorte servi de catalyseur. Avant il était facile de rester dans l' « anonymat national [7] », avec l'unité c'est plus difficile. Aussi les Allemands doivent-ils prendre garde de ne pas laisser « dégénérer » leur identité commune en État-nation, mais au contraire doivent-ils chercher à la « transcender » dans l'Europe [8], renouant ainsi avec la « mission » que Hegel assignait à la nation.

Nation introuvable, l'Allemagne serait passée du provisoire à l'intérim. C'est dans l'au-delà de la nation qu'elle devrait atteindre son identité, ses références, dans lesquelles tous ses citoyens, qu'ils soient de Bavière ou de Poméranie, se retrouveraient. Le philosophe Jürgen Habermas a développé cette idée « d'identité post-nationale », qui rejoint les conceptions du patriotisme à dimension universelle mises en avant par la gauche allemande avant la Première Guerre mondiale, et qui s'oppose au patriotisme dans l'acceptation étriquée et chauvine que critiquait Heine : « Le patriotisme de l'Allemand tient à ceci que son cœur se rétrécit, qu'il se racornit comme cuir au froid, qu'il hait tout ce qui est étranger, qu'il n'est plus citoyen du monde, ni même européen : il ne veut plus être que strictement allemand [9]. »

Aussi cette « identité post-nationale » ne peut-elle être construite sur les critères traditionnels ; ses références ne peuvent être purement germaniques, ethniques, historiques, culturelles ou linguistiques ; il lui faut une autre base, plus large, universelle, même si elle a une traduction allemande. Habermas la trouve dans la Loi fondamentale de la République fédérale; c'est ce qu'il appelle le *Verfassungspatriotismus* [10], le patriotisme de la Constitution. Un sentiment d'identité qui ne s'oppose pas aux autres, mais qui se fonde au contraire sur la fierté d'avoir fait fonctionner pendant quarante ans dans l'Ouest de l'Allemagne un système politique démocratique et libéral, où les impératifs de partage et d'équilibre des pouvoirs, de respect des droits de l'homme, d'indépendance de la justice et de mise en pratique des libertés fondamentales ont été strictement observés. Bref, un système où sont totalement présents les éléments constitutifs de la modernité européenne à laquelle l'Allemagne s'était soustraite au XIXe siècle.

Dans ce « patriotisme de la Constitution » se fondent les deux idées d'adhésion à des valeurs universelles et de sublimation dans l'Europe de l'idée nationale. C'est « le seul patriotisme qui ne fasse pas de nous des étrangers en Occident, dit Jürgen Habermas. Quiconque entend rappeler les Allemands à une forme convenue d'identité nationale, celui-là détruit la seule base solide de notre attachement à l'Occident [11]. » Dans ces conditions, ajoute le politologue Kurt Sontheimer, peu importe que l'on ne soit pas d'accord entre nous sur « les clichés de la patrie », Marx, Bismarck, les causes de la Première Guerre mondiale et les beautés du *Deutschlandlied*... Ce qui est en cause, ce sont la démocratie et ses valeurs fondamentales [12].

Cette Constitution n'est sans doute pas achevée; elle peut être perfectionnée, mais le socle doit être maintenu et défendu car c'est sur lui que s'appuie le premier succès de la démocratie dans l'histoire allemande. Pour sceller ce « patriotisme de la Constitution » et le faire partager par tous les Allemands, y compris par les 16 millions qui viennent de rejoindre la RFA et qui, depuis 1933, n'avaient connu que des dictatures, Habermas et d'autres auraient souhaité que la réunification donne lieu à un référendum (comme le prévoyait l'article 146 de la Loi fondamentale) et non à une simple adhésion des nouveaux *Länder* (article 23). On aurait eu besoin de cette « thérapie allemande », explique Heribert Prantl, « pas d'une dissolution de l'ordre ancien, mais de son affirmation, de son renforcement et de son amélioration [13] ». Le traité d'unification prévoit que, dans les deux ans, une décision doit être prise sur la manière dont la Loi fondamentale de la RFA sera révisée et soumise à l'approbation démocratique, soit par le biais d'une Assemblée constituante, soit par un référendum.

Ce patriotisme post-national convient parfaitement à une composante de la société ouest-allemande qui, depuis la révolte étudiante de 1968, cherche les voies d'une société « post-traditionnelle », où l'écologie, les droits des femmes et des minorités, l'habitat communautaire, les médecines douces et l'éducation parallèle tiendraient une place primordiale. On pourrait y retrouver aussi la nostalgie des sociétés anciennes, des « communautés » qui ont joué un si grand rôle dans la tradition germanique. Autrement dit cette société post-traditionnelle a aussi des traits « post-modernes ».

Ce n'est pas la seule difficulté. Cette société, ou du moins une partie d'elle-même qui se définit comme « post-traditionnelle », vient de fusionner avec une autre, « l'autre du même », qui vient d'un autre monde et offre un terrain propice au retour des « archaïsmes », pour donner « l'inquiétante physionomie politique d'un État que certains voudraient post-national mais qui traîne derrière lui l'arrière-train d'un monstre (pré)historique [14] ».

D'autre part, toute la société ouest-allemande ne se reconnaît pas dans cette aspiration « post-traditionnelle », ni même dans ce « patriotisme de la Constitution ». Celui-ci semble restrictif aux milieux les plus conservateurs par rapport à l'histoire allemande qu'ils s'efforcent de réhabiliter par tous les bouts, que ce soit par le transfert des cendres de Frédéric le Grand à Sans-Souci ou par le changement des noms des rues à l'Est : après la vague communiste, la vague conservatrice cherche à effacer toute trace urbaine du mouvement ouvrier allemand. Le « patriotisme de la Constitution » suppose aussi que l'on soit prêt à la défendre contre ses ennemis quels qu'ils soient, de l'intérieur et de l'extérieur ; tirant les leçons de la République de Weimar, les auteurs de la Constitution de 1949 ont d'ailleurs expressément prévu des sanctions contre « les ennemis de l'ordre libéral-démocratique ». Toutefois, qu'est-ce qui est « le plus important pour notre liberté », la Loi fondamentale ou « la présence des troupes américaines en Allemagne [15] » ?

Pour ceux qui pensent que l'Allemagne doit assumer son histoire, sa puissance et ses responsabilités, ce double dépassement de l'idée nationale dans l'Europe et dans un patriotisme des valeurs démocratiques apparaît comme une nouvelle fuite devant les réalités, une autre manière de cultiver l'illusion que l'Allemagne peut échapper à son statut. Ce point de vue ne se rencontre pas seulement dans l'aile droite de la CDU, dans le milieu dit « des casques d'acier », qui reprendrait volontiers à son compte la phrase de Bismarck : « J'entends le mot Europe dans la bouche de ceux qui n'osent pas parler d'intérêts nationaux [16]. » Il est partagé dans des cercles proches de la social-démocratie. Brigitte Seebarcher-Brandt met en garde contre une Europe *Ersatz* de la patrie perdue pour des Allemands qui « n'ont plus le pouvoir de se faire plus petits ou plus pauvres et d'être les spectateurs du grand théâtre du monde (...) Sinon un renversement de l'opinion n'est qu'une question de temps. » Elle a des références historiques. Otto Braun, ministre-président social-démocrate de Prusse de 1920 à 1932 pensait déjà que l'ignorance de la problématique nationale par le SPD avait largement facilité l'arrivée d'Hitler au pouvoir [17]. Or le refus d'envisager la politique en termes de rapport de forces et de conflit est la manifestation d'une attitude malsaine, d'une conception de la puissance, non comme l'élément d'un jeu politique, mais comme une force démoniaque et surnaturelle. Le refus de la puissance tout autant que la passion de la puissance revient à faire de celle-ci une « idole » crainte et vénérée, mais dans les deux cas idéalisée et mythique [18].

C'est un Allemand de l'Est qui appelle ses compatriotes à la mesure et à la raison et qui cite « l'Europe des patries » du général de Gaulle : « Avant de pouvoir songer à dépasser le stade de l'État-nation, nous devrions d'abord devenir une Nation. Sinon les traumatismes de notre histoire pourraient refaire surface (...) Le partenariat avec nos voisins ne réussira que si nous nous aimons un peu nous-mêmes, en étant aussi décrispés et aussi débarrassés de triomphalisme allemand que possible [19]. » Une synthèse est-elle envisageable ? C'est ce que pense Werner Weidenfeld, professeur de sciences politiques et conseiller à ses heures du gouvernement fédéral : la réalisation de l'unité offre aux Allemands « une double chance. Ils peuvent se réconcilier avec eux-mêmes et en même temps continuer sans cesse une heureuse histoire de plusieurs décennies déjà dans l'unification européenne [20] ».

La chance qui s'offre aux Allemands, dans cette situation inédite où ils ont recouvré une unité nationale dans un régime démocratique profondément intégré à l'Occident, est d'échapper à la « malédiction de l'idéologie », à la coupure traditionnelle chez eux entre la sphère privée et la société, entre la communauté et la politique, caractéristique des formations archaïques. Et d'entrer dans la modernité radicale introduite par la Révolution française, à laquelle ils avaient échappé depuis la fin du XVIIIe siècle : l'État du citoyen [21] qui ne se définit pas par l'appartenance naturelle à une communauté, mais par l'adhésion en tant qu'individu au groupe structuré par la fidélité à des valeurs [22]. Pour atteindre à l'universalité, le « patriotisme de la Constitution » – conçu comme la volonté de faire partager par tous les Allemands les valeurs démocratiques – doit passer par une phase de territorialisation (ce que Louis Dumont appelle la souveraineté territoriale, par opposition à la souveraineté tribale et à la souveraineté universelle, qui toutes deux sont des formes primitives de souveraineté). Pour échapper aux risques d'un universalisme généreux mais idéel, ce « patriotisme de la Constitution » doit être médiatisé par l'État-nation, qui est l'expression « moderne », au sens du XIXe siècle, des valeurs démocratiques. Ces valeurs sont certes universalistes, mais elles ne peuvent le devenir qu'à travers la nation porteuse. L'État-nation ne peut donc être dépassé que s'il a été assumé. Avant d'être postnational, il doit avoir été national. C'est le défi auquel les Allemands sont aujourd'hui confrontés. Sans « reconnaissance d'eux-mêmes par eux-mêmes », selon l'expression de Gustav Heinemann, ils risquent de retomber dans l'idéalisme et le millénarisme.

Ce débat théorique a des conséquences politiques directes. Les partenaires de l'Allemagne ne veulent pas avoir affaire à « des Européens sans passé, mais à des Allemands reconnaissables [23] ». Pendant le processus de réunification, les dirigeants de Bonn n'ont eu de cesse de minimiser la puissance allemande, de la replacer dans l'ensemble plus large de l'intégration européenne et du système de sécurité paneuropéen. Ce n'était pas seulement pour des raisons tactiques, pour rendre la réunification acceptable par les voisins de l'Allemagne. C'était aussi le fruit d'une conviction. « Le moment de vérité pour l'autonomie de l'État national classique » approche, écrit Karl Kaiser [24]. « Ceux qui veulent lier et contrôler l'Allemagne devront aussi consentir des abandons de souveraineté. A l'inverse, pour la RFA sa crédibilité est en jeu, car la priorité donnée à l'intégration européenne, renforcée par la réunification, signifie que la puissante Allemagne unie devra précisément donner l'exemple en ce qui concerne le renoncement à l'autonomie. » L'Allemagne entend ainsi placer ses voisins, et d'abord les Français, devant leurs responsabilités.

NOTES

1. Cité par Christian von Krockow, *op. cit.*
2. Heinrich August Winckler dans *Die Zeit*, 28 septembre 1990.
3. Hans Magnus Enzensberger, *Deutschland, Deutschland unter alles* (Allemagne, Allemagne au-dessous de tout), titre tournant en dérision la première phase du *Deutschlandlied* : Allemagne, Allemagne par-dessus tout. Cité par Anne-Marie Le Gloannec, *La Nation...*, *op. cit.*
4. Rüdiger Altmann, *Berlin für Deutschland, Bonn für Europa* (Berlin pour l'Allemagne, Bonn pour l'Europe), dans le *Frankfurter Allgemeine Zeitung*, 17 juin 1991.
5. Rüdiger Altmann, *ibid.*
6. Cité par Renata Fritsch-Bournazel, *L'Allemagne unie, op. cit.*
7. William Pfaff dans l'*International Herald Tribune*, 3 octobre 1990.
8. Kurt Sontheimer, *Deutschlands politische Kultur* (La culture politique de l'Allemagne), Munich, 1990.
9. Heinrich Heine, *Die romantische Schule*, livre 1er, 1835.
10. La notion de *Verfassungspatriotismus* a été utilisée pour la première fois par Dolf Sternberger, dans un discours prononcé à l'occasion du vingt-cinquième anniversaire de l'Académie de Tutzing. *Frankfurter Allgemeine Zeitung*, 31 août 1982. Le *Verfassungspatriotismus* suppose aussi que les démocrates soient prêts à défendre la Constitution et l'État de droit, contrairement à ce qui s'est passé sous la République de Weimar. Voir à ce sujet : Rudolf Wassermann, *Abwehrbereit ohne Vorbehalt der Richtung* (cité pp. 172-173, note 16).
11. Cité par Anne-Marie Le Gloannec, *La Nation...*, *op. cit.*
12. Cité par Wilhelm Beek, *Ein ganz normaler Staat, op. cit.*
13. Heribert Prantl, *Eine deutsche Therapie – Am Anfang war das Misstrauen. Plädoyer für eine Stärkung des Grundgesetzes* (Une thérapie allemande – Au début était la méfiance. Plaidoyer pour un renforcement de la Loi fondamentale), dans le *Süddeutsche Zeitung*, 22-23 juin 1991.

14. Jacques Le Rider, *op. cit.*

15. Déclaration de l'historien Arnulf Baring en 1988, cité par *Die Zeit* du 20 décembre 1991.

16. Cité par Sergio Romano, *Disegno della Storia d'Europa dal 1789 al 1989* (Esquisse de l'histoire de l'Europe de 1789 à 1989), Longanesi & Cie, Milan, 1991.

17. Wolfgang Seifert, *Zurück zu Deutschland, op. cit.*

18. Arnulf Baring, *op. cit.*

19. Michael Bartsch, *Der Weg zu sich selbst und zum Nachbar. Ueber die absurde Angst vor der Freiheit* (Le chemin vers soi-même et vers le voisin. A propos de l'absurde peur devant la liberté), Sachsenspiegel, Dresde, 12 octobre 1990. Cité par Renata Fritsch-Bournazel, *L'Allemagne unie..., op. cit.*

20. Cité dans le *Frankfurter Allgemeine Zeitung*, 4 avril 1991.

21. On pourrait aussi parler de l'État de droit *(Rechtsstaat)* par opposition à l'État autoritaire *(Obrigkeitsstaat)*.

22. Voir Louis Dumont, *op. cit.*

23. Wilhelm Hortmann, *op. cit.*

24. Karl Kaiser, *Deutschlands Vereinigung, op. cit.*

Chapitre 12

LA FRANCE À CONTREPIED

L'unification de l'Allemagne a mis à rude épreuve le couple franco-allemand formé en 1963 par le général de Gaulle et le chancelier Adenauer. François Mitterrand s'est toujours refusé à parler officiellement de « brouille », mais ses déclarations pendant « l'automne allemand », son voyage en RDA qui ressemblait fort à une tentative d'acharnement thérapeutique sur un État moribond, sa visite à Kiev quelques jours plus tôt où il eût aimé entendre de Mikhaïl Gorbatchev une réaffirmation de l'hostilité traditionnelle des Soviétiques à l'unité allemande, le soutien ostensible apporté aux Polonais, montrent assez l'importance et l'étendue des « points de friction » reconnus par le président de la République française. L' « irritation », que l'on reconnaît aussi en privé à Bonn, est relativement facile à isoler dans le temps et à dater; elle a commencé insidieusement avec les premières références à la réunification et elle a trouvé sa véritable occasion avec le « plan en dix points » du chancelier Kohl, le 28 novembre 1989, pour s'achever officiellement le 16 avril 1990 avec l'initiative franco-allemande en faveur de l'union politique et de l'union monétaire, à la veille du sommet européen de Dublin.

Est-ce à dire que tout est redevenu parfaitement comme avant dans les rapports franco-allemands? L'affirmer serait bien téméraire. Car l'unification de l'Allemagne a doublement ébranlé ces relations. D'une part, la France s'est constamment trouvée prise à contrepied pendant le processus de réunification lui-même et tous les efforts de François Mitterrand pour regagner la maîtrise des événements ont eu l'effet contraire à celui escompté; d'autre part, l'existence d'une Allemagne unie modifie le contrat tacite qui était le fondement de la construction européenne. C'est dire que l'intégration de l'Europe occidentale et au-delà l'édification d'un ordre paneuropéen devront être redéfinis. Les chances de réussite seront d'autant plus fortes que la France et l'Allemagne s'attelleront ensemble à cette tâche.

Dans ses déclarations à propos de l'unité allemande, François Mitterrand n'a pas varié. On pourrait remonter loin dans le temps, on retrouverait des propos très nets sur le droit des Allemands de l'Est à la liberté et à l'autodétermination, et sur le droit « naturel » de l'Allemagne à son unité. En juillet 1989, à la veille des grands ébranlements qui allaient bouleverser le continent, le président de la République rappelait encore : « Je ne refuse rien à l'Histoire, à ses évolutions. Et je comprends très bien qu'un grand peuple aspire à retrouver l'unité qui est sur tant de plans la sienne »; il considère cependant que ce sera une tâche pour ses... successeurs. Rien ne permet de mettre en doute la sincérité de ces convictions. Rien dans l'attitude de François Mitterrand pendant l'automne 1989 ne permet de dire qu'il a changé d'avis sur l'unité allemande et qu'il était décidé à tout faire pour l'empêcher.

Les hésitations de la politique française et les maladresses qu'elles engendreront tiennent à deux erreurs d'analyse : Paris sous-estime l'intensité du sentiment unitaire en Allemagne de l'Est (et en Allemagne de l'Ouest) et surestime l'opposition soviétique à l'unité allemande, donc les difficultés internationales de celle-ci. Conclusion : la réunification est une œuvre de longue haleine qui laisse la place à l'établissement d'un calendrier étendu sur plusieurs années, permettant l'inscription de l'unification de l'Allemagne dans l'unification de l'Europe occidentale et l'organisation globale du Vieux Continent. De Gaulle avait dit que la question allemande était une question européenne par excellence; les Allemands affirment que *Deutschlandpolitik ist Europapolitik*, excellente occasion de le montrer. Ce qui n'était pas prévu dans le schéma, c'est l'inversion de l'ordre des facteurs : l'unification allemande ne suivait pas, comme on l'avait pensé jusqu'alors, la fin de la division de l'Europe; au contraire, la chute du Mur ouvrait la voie aux retrouvailles des deux Europes.

Au cours de l'automne 1989, la position française, telle qu'elle est exprimée par divers hommes politiques de la majorité et par le président de la République lui-même, évolue selon un plan qui manifeste un retard de l'analyse sur l'événement, et elle a un aspect de combat d'arrière-garde. Première affirmation : la France n'a rien contre le *principe* de l'unité allemande. Il est bon de le dire car cela n'a pas toujours été évident. Sans rappeler la phrase trop fameuse de François Mauriac – « J'aime tellement l'Allemagne que je suis heureux qu'il y en ait deux » –, la France n'avait pas été la dernière, après 1945, à demander le démantèlement de l'État central et à se faire la championne d'un fédéralisme dont elle ignorait tout dans la conduite de ses propres affaires. La méfiance n'a guère diminué avec la création de la République fédérale et, au moment de la discussion sur la Communauté européenne de défense, en 1954, le gouvernement français voulait bien accepter le réarmement de l'Allemagne à condition, disait-on sous forme de boutade, que la nouvelle armée allemande soit plus forte que l'armée soviétique (qui était l'adversaire potentiel), mais moins forte que l'armée française.

Toutefois, François Mitterrand, comme d'ailleurs Charles de Gaulle en son temps, est clair: « Personnellement je n'ai pas d'objection idéologique ou politique à la réunification de l'Allemagne », déclare-t-il le 22 novembre 1989 [1]. Cela posé, il ne faut pas « inverser l'ordre des facteurs », selon l'expression employée lors du voyage à Kiev devant les journalistes. Et l'ordre des facteurs, c'est d'abord l'intégration européenne, ensuite l'unification allemande. Au cours d'une conférence de presse, le 9 décembre 1989, le président en appelle à la « sagesse » : « développer, renforcer et accélérer les structures de la Communauté avant toute autre démarche ». Jacques Delors, qui sera pourtant l'un des premiers à comprendre que l'unité allemande est inscrite dans le calendrier beaucoup plus tôt que le pensent la plupart des hommes politiques européens, expose bien cette conception : « L'Europe et son unité ne se dissocient pas de la vôtre, dit-il à un auditoire allemand. Le mouvement qui y conduit peut aboutir par la Communauté (...) Ce mouvement ne peut aboutir que par elle. N'est-ce pas ce lieu irremplaçable où peut s'accroître le capital de confiance entre l'Allemagne fédérale et les grandes nations européennes qui doivent l'aider à surmonter définitivement sa division ? »

Rien ne presse. Des étapes peuvent être ménagées. En attendant que l'unification de l'Europe soit suffisamment avancée pour accueillir une Allemagne unie sans réveiller de vieilles craintes, il faut gérer les revendications démocratiques des Allemands de l'Est qui, de plus en plus nombreux, défilent tous les lundis soir dans leurs grandes villes pour protester contre le régime. Hubert Védrine explique que les aspirations est-allemandes à la libre circulation pourrait « être satisfaites sans rendre nécessaire la réunification ». Il recommande de ne pas s'enfermer dans un schéma intellectuel, « la reconstitution d'un État allemand unique », et il évoque la « solution autrichienne [2] ».

Bien qu'intimement convaincu du caractère inéluctable de l'unification, le ministre des Affaires étrangères, Roland Dumas, est encore plus catégorique. Début octobre, au lendemain des célébrations du quarantième anniversaire de la RDA, il affirme que « ce n'est pas demain la veille » que les conditions seront réunies pour mettre un terme à la division de l'Allemagne. Tout autre raisonnement tient de la « politique-fiction [3] ». Quelques jours plus tard, il récidive devant l'Assemblée nationale : « La réunification ne peut être un problème d'actualité », dit-il en réponse à des questions de parlementaires qui demandent la convocation d'urgence du Conseil européen prévu pour les 8 et 9 décembre à Strasbourg. Roland Dumas refuse. Ses arguments méritent de retenir l'attention : il invoque le risque de voir le sommet des chefs d'État et de gouvernement des Douze « ne s'occuper que de l'Europe de l'Est – et de la réunification de l'Allemagne au détriment des grands sujets ». Et le ministre d'énumérer dans l'ordre la charte sociale, l'audiovisuel, les relations avec les pays tiers et, en dernier lieu, l'union économique et monétaire [4].

On a bien lu : le mur de Berlin est ouvert depuis moins de six jours, mais le ministre des Affaires étrangères français craint qu'une réunion des principaux dirigeants européens passe à côté des sujets essentiels – tels la charte sociale ou l'audiovisuel – en se consacrant à la question allemande ! Si le sommet européen ne fut pas avancé, les dirigeants des Douze se réunirent pourtant, le 18 novembre, pour un dîner « informel » à l'Élysée. La réunification était si peu un sujet d'actualité qu'ils n'en parlèrent pas ! Elle était bien sûr dans tous les esprits, mais il en allait de l'unité de l'Allemagne comme de l'affaire Dreyfus dans les bonnes familles françaises du début du siècle, on n'en parlait jamais de peur que les repas ne se terminent en pugilat, mais « on y pensait toujours ».

En cette mi-novembre 1989, les partenaires européens de Bonn, les Français en particulier, ont quelques excuses. Les dirigeants ouest-allemands eux-mêmes n'ont cessé de les tranquilliser. La « solution autrichienne » n'est pas une invention française pour ajourner l'unification. Elle a été évoquée par le conseiller diplomatique du chancelier Kohl, Horst Teltschik lui-même [5]. Le Quai d'Orsay et l'Élysée reçoivent de Bonn et de Berlin-Est des rapports expliquant que tout ceci n'est pas si grave, que tout va rentrer dans l'ordre, que les Allemands ne veulent pas de la réunification, que ceux de l'Est se contenteront de réformes démocratiques et du droit d'aller et de venir librement, tandis que ceux de l'Ouest sont bien trop jaloux de leur tranquillité et de leur prospérité pour se charger du fardeau est-allemand, sans compter les ennuis qu'ils ne manqueraient pas d'avoir avec les Soviétiques. Les diplomates ont tellement entendu, de la part de leurs interlocuteurs allemands, politiques ou intellectuels, de discours sur la pérennité de la division du pays, sur les rapports particuliers entretenus par l'Allemagne avec l'idée d'État-nation, sur la méfiance devant le fait national, liée au risque de mutation radicale vers un nationalisme extrême, etc., qu'ils ont fini par se convaincre qu'on ne pouvait plus parler de l'Allemagne au singulier. D'autres analyses des services diplomatiques français, plus clairvoyantes, replacent le mouvement en RDA dans le contexte est-européen ; de leurs ressemblances comme des dissemblances, elles tirent la conclusion que la revendication de l'unité est une éventualité très sérieuse qui bouleversera les données du problème européen. Les premières analyses sont plus écoutées que les secondes. En Conseil des ministres, François Mitterrand, nourri de l'histoire du XIXe siècle, fait de longues digressions sur l'Allemagne multiple, la force des traditions régionales (« La Bavière, c'est la Bavière »), les intérêts stratégiques et géopolitiques du Kremlin.

Ce sont des thèmes chers aussi à Hans Dietrich Genscher que Roland Dumas écoute avec attention. Les deux diplomates sont en contact quasi permanent. « Roland Genscher et Hans Dietrich Dumas », comme dit un vieil habitué du Quai d'Orsay, se téléphonent quand ils ne se voient pas, plusieurs fois par semaine. En présentant une thèse minimaliste sur l'unité allemande, le ministre des Affaires étrangères de Bonn ne jette pas de la poudre aux yeux ; il exprime sa conviction profonde qui est également, au début de l'automne au moins, celle d'Helmut Kohl. Mais l'instinct politique du chancelier lui fera sans doute comprendre plus vite qu'à son ministre que la machine lancée par la chute d'Honecker et l'ouverture du Mur ne peut plus être arrêtée, ni même freinée, et que toute l'attention des dirigeants ouest-allemands doit être dirigée vers la maîtrise du processus.

En effet, le changement de ton des manifestants de Dresde ou de Leipzig n'a pas échappé aux observateurs. Après avoir crié « Nous sommes *le* peuple », les marcheurs du lundi soir scandent, nous l'avons vu, « Nous sommes *un* peuple ». Fin octobre, dans un aparté avec les journalistes au cours d'un voyage au Venezuela, François Mitterrand a concédé que la question (de la réunification) se pose « de façon plus actuelle », ce qui n'empêche pas Laurent Fabius de déclarer le 19 novembre : « A l'Est personne ne pose le problème de la réunification [6]. » Surtout, le 3 novembre à Bonn, au cours d'une conférence de presse avec Helmut Kohl, le chef de l'État français a esquissé sa deuxième ligne de défense.

« Écoutez bien la réponse du président, elle est importante », dit le chancelier à une assistance captivée. François Mitterrand expliqua alors que la réunification prendrait moins de dix ans, et même que son « pronostic, c'est que ça va vite ». « Mais, ajouta-t-il, cela regarde les autres peuples. Il existe des accords, les accords de l'après-guerre, mais aussi ceux qui tiennent au fait que nous vivons dans une Communauté. »

Ainsi apparaît la deuxième étape de la politique mitterrandienne face à la volonté allemande de réunification. Cette volonté est indiscutable, mais elle suscite « quelques arguments d'ordre pratique [7] ». Le principal est que les Allemands ne peuvent la réaliser tout seuls, à cause des accords internationaux et de l'opposition de l'URSS. « Les Soviétiques n'ont peut-être plus de pouvoir politique, mais ils ont le pouvoir militaire. » C'est ce que François Mitterrand va vérifier le 6 décembre à Kiev auprès de Mikhaïl Gorbatchev et ce voyage est une nouvelle cause de malaise dans les relations franco-allemandes même s'il est prévu depuis longtemps et n'a officiellement pour fonction que de faire le point sur l'avancée des réformes en URSS et l'aide nécessaire. Le président de la République est catégorique et cinglant : si le chancelier Kohl a un reproche à faire, « il peut se le rentrer dans la gorge [8] », puisqu'il ne s'agit que de consultations normales entre « grandes puissances », comme celles menées avec le président George Bush dans l'île caraïbe de Saint-Martin, le 16 décembre. En tout cas, si l'entrevue de Kiev avait pour but de réactiver une « politique de bascule », elle n'est pas très concluante : le président soviétique explique à son collègue français qu'il serait « contre-productif » d'humilier l'Allemagne ; elle a droit à l'unité et le temps est venu de travailler à la mise au point des conditions permettant d'accepter une Allemagne unie [9]. En rentrant à Paris, François Mitterrand laisse entendre cependant que Mikhaïl Gorbatchev n'est pas très rassuré ; le président soviétique lui aurait dit qu'en cas d'unification de l'Allemagne, deux heures plus tard un maréchal s'installerait dans son fauteuil [10].

La pensée politique française a évolué. On est passé du présupposé que les Allemands ne veulent pas de la réunification à l'idée que les questions pratiques la rendent impossible à court terme. D'où une double démarche : pousser les feux de l'intégration européenne et conforter autant que faire se peut l'État est-allemand dans sa version réformée. Cette idée n'est guère plus productive que la première, car elle repose sur deux postulats erronés, à savoir l'opposition farouche des Soviétiques à l'unité allemande et la viabilité d'une RDA démocratisée. Certes Mikhaïl Gorbatchev mènera-t-il aussi quelques combats d'arrière-garde mais il ne tentera jamais rien de sérieux pour empêcher une réunification devenue inéluctable dès lors que les Allemands de l'Est pouvaient librement exprimer leur attachement au deutschemark et à ses mirages.

Quant à l'intégration européenne, Paris va insister sur l'accélération des processus déjà lancés et tenter d'arracher à Helmut Kohl un engagement ferme et définitif en faveur de l'Union économique et monétaire. Ce sera chose faite au sommet de Strasbourg, mais Roland Dumas avoue avoir nourri quelques inquiétudes jusqu'à la réunion de Maastricht (décembre 1991). Bien des observateurs allemands estiment au contraire qu'une occasion a alors été manquée par la diplomatie française. Pour faire passer sans douleur la réunification, le chancelier était prêt à céder sur des points significatifs pour peu qu'on le lui ait demandé. Mais entre la chancellerie et l'Élysée le courant ne passait plus. Les conseillers du président et ceux du chancelier, notamment Jacques Attali et Horst Teltschik, ne parvenaient pas à concilier leurs approches de la politique européenne. Depuis des années, les uns et les autres se reprochaient mutuellement d'empêcher la définition d'une *Ostpolitik* commune à la France et à la RFA, comme élément d'une diplomatie commune que, selon Horst Teltschik, le gouvernement fédéral avait proposée en vain dès 1987. Un tel consensus aurait sans doute évité les « couacs » de l'automne 1989.

Si les Français ont manifesté une large incompréhension des processus en cours des deux côtés de l'Elbe, le chancelier Kohl a fait preuve d'un insolent manque de tact quand il a présenté, le 28 novembre, son plan en dix points sur l'évolution des rapports entre la RFA et la RDA, sans en avoir dit un mot au dîner des Douze à l'Élysée et sans même avoir averti François Mitterrand. Le fait que le chef du gouvernement de Bonn n'ait pas pris soin de consulter son propre ministre des Affaires étrangères et vice-chancelier n'a pas adouci le dépit français. Et puisque le temps était aux coups d'épingle réciproques, Helmut Kohl prendra très mal l'intention de François Mitterrand de se rendre en Allemagne de l'Est avant lui ; il finira par le coiffer sur le poteau mais cette course pour rencontrer des dirigeants déjà largement discrédités, réfractaires à toute légitimité démocratique et de surcroît en sursis, sera « un désastre », selon un ministre français pour qui ce voyage est son « plus mauvais souvenir ». Plus indulgent, un conseiller du chancelier pense qu'à toute chose malheur est bon, que cette visite en RDA a permis au président français « de prendre conscience, notamment auprès des étudiants de Leipzig, de l'attachement des Allemands de l'Est à l'unité ».

Quand le gouvernement français invoque les accords internationaux, il est fidèle à une attitude constante. Depuis toujours les Français ont été des défenseurs chatouilleux des textes quadripartites sur Berlin ou sur « l'Allemagne dans son ensemble », comme disent les diplomates. A la différence des Américains ou des Anglais, beaucoup plus prompts à lâcher du lest dans toutes les discussions sur l'Allemagne depuis trente ans. Ce n'est pas seulement le résultat d'un juridisme atavique ; c'est la conclusion de considérations hautement politiques. En effet, le partage des responsabilités en Allemagne avec les États-Unis, la Grande-Bretagne et l'Union soviétique est un des attributs de grande puissance auxquels la France est très attachée. L'autre est le siège de membre permanent du Conseil de sécurité des Nations Unies. La fin des responsabilités quadripartites ne peut qu'écorner un peu plus le rôle de la France.

On ne saurait donc faire l'impasse sur les responsabilités des quatre vainqueurs du IIIe Reich – c'est une manière discrète aussi de rappeler à l'Allemagne qu'elle a été battue et qu'elle ne devrait pas l'oublier – ni sur les conséquences que la réunification aura sur les pays voisins. François Mitterrand demande « que les frontières de l'Europe fixées à cette époque (au lendemain de la Seconde Guerre mondiale) ne soient pas bouleversées, parce que, si on ouvre ce débat, il y en aura beaucoup d'autres [11] ». Pendant quelque temps, le gouvernement français laissera planer le doute sur ces frontières qui ne doivent pas être changées. La frontière interallemande, dont il a été admis dans les accords entre Bonn et Berlin-Est datant des années soixante-dix qu'elle a une nature particulière, est-elle comprise ou s'agit-il seulement des frontières entre les deux États allemands d'une part et leurs voisins « étrangers » d'autre part? Si la première interprétation est la bonne, l'obstacle mis à la réunification allemande est de taille. Il faudra attendre le début de janvier 1990 et une rencontre avec le chancelier Kohl dans la résidence de Latché pour que l'ambiguïté soit levée : il y a frontière et frontière, dit François Mitterrand ; la ligne séparant les deux États allemands peut être modifiée, voire disparaître, sans qu'un précédent soit créé pour les autres frontières de l'Europe – le président de la République a alors en tête la frontière Oder-Neisse qui a décalé la Pologne vers l'Ouest. « Il n'est pas question de traiter ce type de problèmes par la même méthode lorsqu'il s'agirait de remettre en cause d'autres frontières qui engagent non seulement des États mais des peuples différents [12]. »

La diplomatie française va faire en effet de la reconnaissance définitive par l'Allemagne de la frontière germano-polonaise son nouveau cheval de bataille. Sur ce sujet encore, le chancelier Kohl est gêné. Non qu'il se situe le moins du monde dans le camp des « revanchards » jadis dénoncés par la propagande communiste ; il ne revendique pas le retour à l'Allemagne de la Haute-Silésie et de la Poméranie que les Polonais ont reçues après 1945 en compensation des territoires que leur confisquaient les Soviétiques. Mais il s'en tient à une position juridique étroite – seule une Allemagne unifiée ayant recouvré sa pleine souveraineté pourra s'engager solennellement sur le tracé de ses frontières – alors que le problème est d'abord politique. Les raisons de cette attitude sont assez difficiles à comprendre, même s'il est vrai que le chancelier doit ménager l'aile droite de son parti, toujours sensible aux pressions des organisations de réfugiés, et ne pas donner des arguments à la formation d'extrême droite, les *Republikaner*, qui relève alors la tête.

Helmut Kohl veut croire que l'insistance française sur le sujet de la frontière germano-polonaise est une lubie de Roland Dumas et des services du Quai d'Orsay (où les préjugés anti-allemands n'ont pas totalement disparu malgré les échanges fréquents entre hauts fonctionnaires) plus qu'une politique délibérée de François Mitterrand. C'est Roland Dumas en effet qui prononce la phrase la plus critique à l'égard du chancelier, de surcroît à Berlin : « Il y a des moments où le silence est lourd d'ambiguïtés », déclare le chef de la diplomatie française dont tout laisse à penser qu'il est en service commandé [13]. A Paris, il n'y a en tout cas aucune ambiguïté, puisque quelques jours plus tard, le 9 mars, le général Jaruzelski, qui est encore président de la République, et son Premier ministre issu de Solidarnosc, Tadeusz Mazowiecki, reçoivent le soutien de l'Élysée pour leur participation aux négociations dites « 2 + 4 » sur les aspects extérieurs de l'unification allemande [14]. François Mitterrand ne pouvait pas manifester plus clairement son souci de ne pas laisser dériver l'unité de l'Allemagne [15].

Car l'unité arrive et beaucoup plus vite que prévu. Les élections du 18 mars en RDA, qui ont vu la victoire de l'Alliance pour l'Allemagne réunie autour de la démocratie-chrétienne, lui ont donné un nouveau coup d'accélérateur. Puisqu'on ne peut ni l'empêcher, ni même la freiner, il faut revenir à la politique traditionnelle consistant à « entourer » l'Allemagne, la « fondre » dans un ensemble plus vaste où des contraintes communautaires lui éviteront la tentation de voler de ses propres ailes. Une semaine après le scrutin est-allemand, François Mitterrand demande une accélération de la construction européenne ; il faut que l'Allemagne s'engage « d'une façon précise dans la Communauté européenne, vers l'Union politique et vers l'Union économique et monétaire, sans perdre de temps, dit-il. Il ne faut pas que le problème allemand se substitue aux problèmes de la Communauté [16] ». Le président de la République annonce ainsi implicitement l'initiative qu'il a prévu de rendre publique de concert avec Helmut Kohl, le 16 avril suivant, pour relancer l'union de l'Europe [17]. Les propositions franco-allemandes apparaissent *a posteriori* très ambitieuses et les résultats de la réunion de Maastricht (9-10 décembre 1991), supposée en marquer l'aboutissement, très modestes. Si la France a réussi pendant un temps au moins à éviter que « la question allemande » prenne le pas sur l'intégration européenne et à relancer la « machine » franco-allemande, bien des « frictions » de ces six mois ont laissé des traces durables [18].

Selon la diplomatie française, il existait une « fenêtre d'opportunité », comme on dit en balistique, composée de deux éléments : la présence à la tête du gouvernement de Bonn d'un chancelier dont les convictions européennes ne sont pas contestées et l'affaiblissement relatif de l'Allemagne provoqué par les conséquences économiques et financières de la réunification. Seul l'avenir dira si l'occasion a été pleinement utilisée ou si une timidité renforcée par des craintes ancestrales, les divisions des Européens, le décalage sans doute inévitable entre l'appréhension intellectuelle des événements et la rapidité des bouleversements à l'Est, ont empêché une percée décisive vers la recomposition du continent. Trop de suspicions existent encore de part et d'autre. Paris craint implicitement que la nouvelle Allemagne ne revienne à son ancienne politique dans les Balkans et les États baltes, auprès desquels la France et la RFA apparaissent comme des rivales alors qu'elles devraient joindre leurs efforts. « Après la Croatie et la Slovénie, ce sera l'Alsace-Lorraine », dit un diplomate français qui a assisté à toutes les discussions européennes sur la crise yougoslave. Bel exemple de ce qu'un observateur facétieux appelle « l'amitié franco-boche ». Le gouvernement fédéral reproche de son côté à la France – « puissance d'Europe occidentale et non puissance paneuropéenne comme l'Allemagne [19] » – de négliger l'Europe de l'Est, d'en laisser le fardeau aux Allemands tout en leur prêtant des visées hégémoniques.

Une certitude est acquise : les deux données de base de l'unification de l'Europe occidentale ont été profondément modifiées. Qu'étaient-elles ? D'une part la construction européenne avait pour fonction, outre l'organisation de la partie libre du continent face à l'empire soviétique, de lier la RFA dans un ensemble qui lui offrait respectabilité et sécurité en contrepartie d'une limitation de ses possibilités d'action; d'autre part, la Communauté était construite autour de trois pays (puis quatre avec la Grande-Bretagne) de taille comparable : la France, la RFA et l'Italie. La réunification allemande a remis en cause cet équilibre, plus symboliquement peut-être que réellement, mais les effets n'en seront pas moindres.

La France et la République fédérale d'Allemagne avaient toutes deux intérêt à l'unification de l'Europe, à l'union politique, à l'existence d'une diplomatie commune, etc., mais pour des raisons opposées. Paris avait – et a encore besoin – de l'Europe pour accroître son poids dans la politique internationale et pouvait jouer les premiers rôles que la « souveraineté limitée » de l'Allemagne ne permettait pas à celle-ci d'assumer; Bonn pour sa part avait besoin de l'Europe pour « filtrer » sa puissance montante, même si pour l'historien Arnulf Baring, « les Français sont plus conscients de leurs faiblesses que nous le sommes de notre force [20] ». « Comment exprimer encore la grandeur de la France ? » se demande un conseiller du chancelier quand Paris a perdu ses droits et responsabilités dans une Allemagne qui a retrouvé son unité et commence à juger pesantes les entraves à sa liberté de mouvement imposées par une Communauté européenne divisée et nombriliste. « Le jardin européen à la française est envahi par des végétations exubérantes », dit un autre proche d'Helmut Kohl [21]. L'entourage défend cependant farouchement l'orientation du « patron » en faveur de l'Europe. Helmut Kohl et François Mitterrand sont d'accord sur la nécessité de rendre irréversible l'unification européenne « parce que la génération suivante n'aura ni cette vision, ni les expériences personnelles qui la fondent ».

Dès l'arrivée au pouvoir d'Helmut Kohl en octobre 1982, Français et Allemands avaient décidé de « réactiver » le traité de l'Élysée de 1963 et d'en utiliser les possibilités laissées en friche. Un conseil de sécurité a été créé ainsi qu'un comité économique et financier, dont le fonctionnement et l'utilité peuvent prêter à controverse, mais qui ont le mérite d'exister même s'ils ne sont pas toujours mis à contribution quand des décisions doivent être prises dans leurs domaines de compétence. La brigade franco-allemande installée à Böbligen dans le Bade-Wurtemberg, à l'automne 1989, est une création hautement symbolique alors que le corps d'armée franco-allemand annoncé par François Mitterrand et Helmut Kohl à l'automne 1991 pourrait être l'embryon d'une armée européenne. Des deux côtés, il faut faire des concessions. Comme le note Alfred Grosser, un système européen de défense ne peut voir le jour que si « les citoyens de la République fédérale croient en la nécessité du militaire, et pas seulement vis-à-vis de l'Union soviétique » et si « la

France, sur le plan militaire et diplomatique, pense et agit en termes plus communautaires et moins nationaux [22] ». François Mitterrand a esquissé à la fin de 1991 un pas dans cette direction en annonçant une réflexion sur la politique de dissuasion française et en s'interrogeant sur une éventuelle « doctrine nucléaire européenne ».

Entre Bonn et Paris, les incompréhensions sont traditionnellement nombreuses en matière de défense et de sécurité. L'orientation trop strictement « atlantiste » de la RFA a longtemps irrité les Français tandis que la politique d'indépendance nucléaire de Paris provoquait l'hostilité d'une grande partie de l'opinion publique allemande. François Mitterrand a fortement agacé ses « camarades » sociaux-démocrates allemands quand, en janvier 1983, à la veille des élections, il est allé apporter son soutien au déploiement des Pershing II et des missiles de croisière, contre lequel la gauche allemande se battait depuis des années. Les bouleversements des rapports de force dans le monde, la disparition de l'empire soviétique, les interrogations portant sur la transformation de l'OTAN, devraient faire disparaître bien des pommes de discorde entre les deux alliés que de Gaulle rêvait d'associer dans une union étroite. A une condition : que chacun fasse l'effort de prendre en considération les intérêts particuliers du partenaire et ne cherche pas à imposer sa volonté à l'autre.

L'Europe ne peut pas – si elle l'a jamais pu – être un « jardin à la française », mais elle ne peut pas non plus être un champ clos pour affrontement des intérêts nationaux. Sans doute les Allemands ont-ils les leurs ; le nier, c'est s'exposer à de cruelles déconvenues ; mais il serait également dangereux de leur laisser libre cours. Et la manière dont les dirigeants de Bonn ont géré la crise yougoslave serait inquiétante si elle devait devenir le modèle du comportement allemand dans les affaires européennes.

S'adressant aux Allemands lors d'une visite dans

les nouveaux *Länder* de l'Est, François Mitterrand a déclaré : « Vous savez, vos intérêts, ce n'est pas du nationalisme, mais c'est de la défense normale de vos capacités de production, la préservation de votre type de civilisation. (...) » La France a aussi les siens, a ajouté le président de la République en proposant, « entre les deux éléments qui ne sont pas contradictoires, une " synthèse " dans *notre* patriotisme européen [23] ». Malgré le « bilatéralisme des arrière-pensées [24] », les craintes plus ou moins inavouées, les intérêt divergents – ou peut-être à cause d'eux –, le couple franco-allemand est plus que jamais indispensable à l'Europe. L'entente est certes importante, mais plus encore la certitude que les désaccords ne déboucheront pas sur une rupture.

NOTES

1. Entretien avec le *Wall Street Journal* du 22 novembre 1989, cité par *Le Monde* du 23 novembre 1989.
2. Cité par Claire Tréan, *Le Monde* du 14 octobre 1989.
3. Grand Jury RTL-*Le Monde*, 8 octobre 1989.
4. *Le Monde* du 17 novembre 1989.
5. « L'autodétermination ne signifie pas automatiquement l'unité. Si la population de la RDA se prononçait majoritairement pour conserver ce deuxième État allemand, nous ne pourrions pas être contre. Mais je suis profondément convaincu que si elle pouvait exercer librement son droit à l'autodétermination, elle se prononcerait pour le rattachement (à la RFA). » Horst Teltschik aux Bergedorfer Gespräche, Bonn, septembre 1989.
6. Grand Jury RTL-*Le Monde*, 19 novembre 1989.
7. Entretien avec le *Wall Street Journal, ibid.*
8. *Le Monde* du 27 mars 1990.
9. Karl Kaiser, *Deutschlands Vereinigung, op. cit.*
10. Rapporté par Ulrich Wickert, *Angst vor Deutschland, op. cit.*
11. *Le Monde* du 12 décembre 1989.
12. *Le Monde* du 6 janvier 1990.
13. *Le Monde* du 5 mars 1990.
14. « 2 + 4 » : les deux États allemands plus les quatre puissances victorieuses de l'Allemagne (États-Unis, France, Grande-Bretagne et URSS).
15. Le 14 mars, le président reçoit à l'Élysée Oskar Lafontaine, rival social-démocrate d'Helmut Kohl pour la chancellerie et critique passionné d'une réunification hâtive.
16. *Le Monde* du 27 mars 1990.
17. Selon Horst Teltschik, l'initiative de cette déclaration revient à Bonn. Selon les Français, elle est le fruit d'une maturation commune.

18. Au sommet franco-allemand de Munich, en septembre 1990, François Mitterrand annonce le retrait des troupes françaises stationnées en Allemagne, au grand étonnement du gouvernement fédéral. Le ministre de la Défense d'alors, Jean-Pierre Chevènement, négociera le maintien d'une division contre la participation allemande au projet commun d'hélicoptère NH 90.

19. Arnulf Baring, *op. cit.*

20. *Ibid.*

21. Cité par Claire Tréan, *Le Monde* du 21 mars 1990.

22. *Frankfurter Allgemeine Zeitung,* 14 mai 1991.

23. Devant le Club de la presse de Berlin, 19 septembre 1991.

24. Ingo Kolboom, *A la chasse aux vieux démons : la France et l'Allemagne unie* dans *Politique étrangère,* mars 1991.

CONCLUSION

« Il n'y a pas deux Allemagnes, une mauvaise et une bonne (...) La mauvaise Allemagne, c'est la bonne qui a mal tourné. » En s'adressant à un public américain en 1945, Thomas Mann, qui avait quitté son exil suisse, parlait ainsi de l'Allemagne nazie, « la mauvaise Allemagne », qui venait de s'effondrer sous les coups des Alliés [1]. Quatre ans plus tard, il y avait bien « deux Allemagnes », une « bonne » et une « mauvaise », chacune étant pour elle-même la bonne, démocratique ou antifasciste, et pour l'autre la mauvaise, revancharde ou totalitaire. Incarnation de la coupure qui passe au cœur de chaque Allemand, de cette *Doppelwahrheit* (double vérité) chère aux philosophes, l'existence de deux États, antagonistes sans être vraiment étrangers, symbolisait la quête de l'identité qui taraude les Allemands depuis des siècles. C'est un peu comme si l'Histoire, pour donner raison à Hegel relu par Kojève, était arrivée à sa fin, puisque la nature germanique fondamentalement divisée se trouvait marquée dans le réel de la division en deux États, dont chacun pouvait revendiquer sa part du passé, des vertus et de l'idéologie [2].

Ce qui n'était après tout qu'un résultat aléatoire de la guerre froide et de la coupure du monde en deux blocs, pouvait être vécu comme la rançon du crime inexpiable où Hitler avait plongé l'Allemagne, donc comme l'aboutissement de l'histoire allemande. « Pas la réunification ! La faute ! » s'écria le philosophe Walter Jens quand la population de RDA commença à prendre au mot un vers de l'hymne oriental : « Allemagne, patrie unie. »

Finalement, Thomas Mann avait raison, il n'y a pas deux Allemagnes : « la bonne Allemagne, c'est la mauvaise qui a bien tourné », pourrait-on dire en renversant sa formule. Ou bien, contrairement à la loi de l'économiste Gresham [3], selon qui « la mauvaise monnaie chasse la bonne », « la bonne Allemagne » a-t-elle chassé « la mauvaise », la démocratique a eu raison de l'autoritaire, l'occidentale de la communiste, la libérale de la policière. L'Allemagne a trouvé son unité, mais pas les Allemands. Ils s'embrouillent déjà dans le vocabulaire. Qu'est-ce qui est uni ? Leur État, leur nation, leur pays ? Et cette entité difficilement définissable a-t-elle retrouvé ou a-t-elle simplement trouvé son unité ? Dans le premier cas, les Allemands renouent avec le passé et sont renvoyés à une autre unité, le Reich bismarckien – pour ne pas remonter au Saint Empire romain germanique –, et ils s'entendent dire qu'ils vont quitter le xxe siècle comme ils y étaient entrés, en grande puissance dominante au centre du continent ; dans le second, ils sont face à une situation entièrement nouvelle à laquelle ils n'avaient absolument pas été préparés, ni les uns ni les autres, ni à l'Est par la politique d'*Abgrenzung* (séparation radicale), ni à l'Ouest par l'orientation prioritaire, sinon exclusive, vers l'Europe de l'Atlantique.

Dans les deux cas, les voilà malheureux, « le peuple le plus déchiré du monde », disait Hölderlin. Ils ont peur d'eux-mêmes et font peur aux autres, alors qu'ils ne souhaitent rien tant que d'être aimés. Leur puissance effraye, mais leur volonté d'impuissance intrigue ; leur activisme commercial inquiète autant que leur prudence politique. S'ils pensent qu'ils sont un État normal, on leur rappelle Auschwitz ; mais on les soupçonne de chercher un prétexte pour fuir leurs responsabilités, s'ils rappellent l'Holocauste. S'ils mettent en avant leurs intérêts nationaux, on les taxe de nationalisme ; s'ils prônent une société « post-nationale », on cherche de troublantes arrière-pensées. Les quarante années d'efforts faits par la République fédérale pour rendre à l'Allemagne sa respectabilité auraient-elles été vaines ? Certainement pas. Les Allemands continuent à observer les règles, mais c'est le jeu qui a changé. La « question allemande », appelée ainsi parce qu'elle touche d'abord les Allemands bien qu'elle soit une question européenne, était gelée. L'Allemagne de l'Occident était devenue l'Allemagne en Occident [4], membre à part entière de la communauté européenne et atlantique. Dans cette dérive vers l'Ouest, elle avait laissé un morceau à l'Est, mais l'objectif était moins de le récupérer que de maintenir vivante l'idée de l'appartenance à un même ensemble.

L'Europe de l'Ouest s'intéressait en premier lieu à elle-même, tout en rappelant de temps à autre que son unité était la condition nécessaire aux retrouvailles de tout le continent, comme l'intégration de la RFA dans les institutions occidentales était la condition de la lointaine réunification de l'Allemagne. Toute tentative de revenir au jeu de bascule dans lequel les puissances européennes s'étaient complu dans la première moitié du siècle paraissait exclue par la division de l'Europe en deux camps. On croyait que celle-ci pourrait être surmontée dans une négociation « de bloc à bloc », mais on ne militait pas pour sa liquidation, par crainte de « déstabiliser » l'interlocuteur soviétique.

L'effondrement de l'empire et du système communistes en Europe de l'Est a renversé la table de jeu. Les pions ne sont toutefois pas totalement épars, interdisant aux plus puissants ou aux plus malins de rafler la mise. L'existence de la Communauté européenne, la solidité de l'attelage franco-allemand malgré les embûches créent une situation inédite qu'on ne saurait intellectuellement maîtriser avec les catégories du XIXᵉ siècle. L'Allemagne unie a retrouvé sa place au cœur du continent, mais la tentation des alliances de rechange n'a plus le même attrait que par le passé, et les autres puissances, qui de rivales sont devenues simplement concurrentes, n'ont plus la même facilité pour la prendre de revers. Et ce pour deux raisons. La première, c'est l'imbrication étroite des États membres de la Communauté ; celui qui essaierait d'en sortir serait à tous les coups perdant. La seconde, c'est qu'il n'y a plus à l'est du continent de puissance capable de faire contrepoids à l'Allemagne ; cette situation ne durera peut-être pas très longtemps. L'URSS dissoute, la Russie, un jour, reprendra sa place, mais elle aura besoin de temps pour créer une société, fonder des institutions, reconstruire une économie.

Ce temps, l'Europe occidentale doit l'utiliser pour approfondir son unité tout en s'ouvrant vers les États de l'Est qui cherchent les voies de la démocratie et du développement économique. L'Allemagne y est intéressée au premier chef, parce qu'elle est aux premières loges. Ce qu'elle craint sur sa frontière orientale, ce n'est plus le voisinage d'une puissance surarmée, c'est le vide ; le vertige de ce vide qui risque de l'entraîner dans les troubles d'une région que le communisme a laissée dévastée. Tout membre de la Communauté européenne qui tenterait de faire cavalier seul, désormais y perdrait. C'est vrai aussi pour l'Allemagne ; mais elle est la seule qui en ait les moyens – outre la Grande-Bretagne qui sans les avoir, peut en avoir l'envie – et qui choisira ce *Sonderweg*, ce chemin particulier qui est sa tentation permanente, si elle estime ses intérêts menacés par un chaos à l'Est que ses partenaires européens sous-estimeraient ou négligeraient.

La division politique de l'Europe qui courait en son sein ayant été supprimée, l'Allemagne peut moins que jamais se désintéresser de ce qui se passe à l'Est. Elle n'a plus de RDA pour faire office de zone tampon. Considère-t-elle la Pologne, la Hongrie, la Tchécoslovaquie, voire l'Ukraine et certaines républiques héritières de la Yougoslavie, comme un terrain d'expansion économique et culturelle ? Sans doute. Abandonnée à elle-même, elle n'y sera pas moins active ; intégrée dans une action communautaire, elle peut mettre ses moyens au service d'une politique dépassant les égoïsmes sacrés.

La génération au pouvoir à Bonn sait que la « feuille de vigne » communautaire, indispensable pendant quarante ans à la RFA pour retrouver une place dans la politique internationale, n'est plus nécessaire. Parce qu'elle n'a pas encore tout oublié de l'histoire récente, elle est convaincue que l'Europe reste le destin de l'Allemagne nouvelle et qu'il vaut la peine de travailler à son unité. La génération suivante aura-t-elle la même vocation ?

« Choisir notre conduite envers l'Allemagne, c'est choisir en premier lieu l'idée que nous nous faisons de la France. » Quand Pierre Viénot écrivait ces lignes en 1931 [5], les jeux étaient faits. Les uns et les autres avaient choisi ou étaient sur le point de le faire. Soixante ans ont passé. L'Allemagne reste l'avenir de la France. Et aujourd'hui encore les jeux sont largement faits. Mais tout indique que les dés ont roulé, cette fois, dans le sens de la coopération. Comme le prévoyait Joseph Rovan dans un article de 1945, nous avons largement « l'Allemagne de nos mérites [6] ». « L'idée que nous faisons de la France » est celle d'une puissance moyenne, dépouillée des derniers droits détenus sur l'Allemagne, qui ne dessinera pas l'Europe comme « un jardin à la française », mais qui peut – qui doit – faire valoir ses intérêts propres dans le concert communautaire. Rappeler par exemple que l'Europe n'a pas seulement des voisins à l'Est, mais aussi au Sud, tout en refusant la division du travail entre une Allemagne orientée vers l'Europe orientale et une France tournée vers la Méditerranée. La politique extérieure des Européens sera commune ou ne sera pas.

Malgré les échanges de jeunes et de fonctionnaires, les voyages, la coopération gouvernementale, l'Allemagne est toujours « l'énigme de l'Europe », qui ne pourra pas être comprise « aussi longtemps qu'elle ne se comprendra pas elle-même » (Carl Friedrich von Weizsäcker [7]). C'est à la fois réconfortant pour les étrangers qui ne parviennent pas à percer l'énigme plus que les Allemands eux-mêmes, et inquiétant car la condition permettant la résolution du mystère n'est pas pour demain. Les Allemands ont une soif de se comprendre aussi incommensurable que leur incapacité à le faire. « Qu'est-ce qui est allemand ? » Sans cesse reposée sous des formes diverses, la question de Nietzsche [8] est condamnée à rester sans solution. Dans le miroir que leur tendent les autres, les Allemands ne trouvent jamais que des fragments de réponse.

NOTES

1. Thomas Mann, *L'Allemagne et les Allemands*, dans *Les Exigences du jour*, Grasset, 1976.
2. Louis Dumont parle aussi du Reich bismarckien comme d'un Janus ; au plan international, un État national ou territorial parmi d'autres ; au plan de la représentation interne, une résurgence de la souveraineté universelle. *Op. cit.*
3. *Enquête sur la chute du change*, 1558, de l'Anglais Thomas Gresham (1519-1579).
4. Voir les deux ouvrages d'Alfred Grosser portant ces titres : le premier date de 1953, le second de 1985.
5. Pierre Viénot, *Incertitudes allemandes*, op. cit.
6. Joseph Rovan, *France-Allemagne*, op. cit.
7. Physicien, Carl Friedrich von Weizsäcker est le frère aîné du président de la République allemande.
8. Nietzsche, *Par-delà le bien et le mal*, 1886.

CHRONOLOGIE

1945	4-11 février	Conférence de Yalta
	8 mai	Capitulation de l'Allemagne
	17 juillet	Conférence de Potsdam
1948	21 juin	Réforme monétaire dans les zones occidentales
	24 juin	Début du blocus de Berlin
1949	4 avril	Signature du traité de l'OTAN
	12 mai	Levée du blocus de Berlin
	23 mai	Promulgation de la Loi fondamentale en RFA
	15 septembre	Konrad Adenauer élu chancelier fédéral
	7 octobre	Création de la RDA
1951	18 avril	Signature du traité sur la Communauté européenne du charbon et de l'acier
1952	26-27 mai	Signature à Bonn du « traité allemand », réglant les relations entre les trois puissances occidentales et la RFA.
1953	17 juin	Soulèvement à Berlin-Est et en RDA
1954	23 octobre	Accords de Paris sur l'admission de la RFA dans l'OTAN et le réarmement de l'Allemagne
1955	9 mai	La RFA membre de l'OTAN
	14 mai	Création du pacte de Varsovie
	9-13 septembre	Visite d'Adenauer en URSS
	23 octobre	Référendum en Sarre
1957	27 mars	Signature des traités de Rome instituant le Marché commun
1959	13-15 novembre	Congrès de Bad Godesberg où le SPD abandonne toute référence au marxisme
1961	13 août	Construction du mur de Berlin
1963	22 janvier	Signature du traité d'amitié franco-allemand

215

	15-16 octobre	Ludwig Erhard remplace Konrad Adenauer à la chancellerie
	17 décembre	Signature entre la RDA et le Sénat de Berlin-Ouest d'un premier accord sur les laissez-passer
1966	1er décembre	Formation à Bonn d'une grande coalition entre la démocratie-chrétienne et la social-démocratie
1968	11-17 avril	« Troubles de Pâques » dans plusieurs grandes villes universitaires
1969	21 octobre	Willy Brandt devient chancelier à la tête d'une coalition libérale-socialiste
	28 octobre	Dans sa déclaration gouvernementale, Willy Brandt lance l'*Ostpolitik*
1970	19 mars	Première rencontre à Erfurt entre Willy Brandt et Willi Stoph, président du conseil de RDA
	12 août	Signature du traité germano-soviétique
	7 décembre	Signature du traité germano-polonais
1971	3 septembre	Accord des Quatre (États-Unis, France, Grande-Bretagne, URSS) sur Berlin
1972	21 décembre	Signature du traité interallemand entre la RFA et la RDA
1974	6 mai	Démission de Willy Brandt
	16 mai	Helmut Schmidt devient chancelier
1975	1er août	Signature de l'Acte final d'Helsinki
1982	1er décembre	Après la rupture de la coalition libérale-socialiste, Helmut Kohl remplace Helmut Schmidt à la chancellerie
1987	7-11 septembre	Première visite d'un chef d'État est-allemand à Bonn. Erich Honecker est reçu avec tous les honneurs
1989	12-15 mai	Première visite officielle de Gorbatchev en RFA
	10 septembre	La Hongrie ouvre sa frontière
	9 octobre	Première manifestation à Leipzig de 70 000 personnes
	18 octobre	Erich Honecker est remplacé par Egon Krenz à la tête du parti est-allemand
	4 novembre	500 000 à 1 million de manifestants à Berlin-Est
	9 novembre	Ouverture du mur de Berlin
	28 novembre	Helmut Kohl présente son plan en dix points sur la réunification de l'Allemagne
	6 décembre	Rencontre Mitterrand-Gorbatchev à Kiev
	8-9 décembre	Sommet européen de Strasbourg
	19 décembre	Visite d'Helmut Kohl en RDA
	20-22 décembre	Voyage de François Mitterrand en RDA
	22 décembre	Ouverture de la porte de Brandebourg

1990	18 mars	Premières élections libres en RDA
	28 avril	Sommet européen extraordinaire à Dublin sur l'Allemagne
	1er juillet	Union monétaire entre la RFA et la RDA
	16 juillet	Rencontre Kohl-Gorbatchev dans le Caucase
	31 août	Signature du traité d'union entre les deux États allemands
	12 septembre	Signature à Moscou du traité « 2 + 4 » sur le règlement définitif de la question allemande
	3 octobre	Unification de l'Allemagne
	9 novembre	Traité germano-soviétique
	14 novembre	Traité germano-polonais sur le tracé de la frontière Oder-Neisse
	2 décembre	Premières élections parlementaires dans l'Allemagne réunifiée. Victoire de la coalition entre la démocratie-chrétienne d'Helmut Kohl et le parti libéral d'Hans Dietrich Genscher

NOTICES BIOGRAPHIQUES

ADENAUER Konrad. – 1876-1967. Avocat. Maire de Cologne de 1917 à 1933. Après la guerre, fondateur du parti chrétien-démocrate. Premier chancelier de la République fédérale de 1949 à 1963.

BAHR Egon. – 1922. Journaliste. A partir de 1960, porte-parole du Sénat (gouvernement) de Berlin-Ouest et conseiller de Willy Brandt pour la politique étrangère. « Inventeur » de l'*Ostpolitik*. Négociateur des traités avec les pays de l'Est et l'Union soviétique pendant que Willy Brandt était chancelier (1969-1974).

BIEDENKOPF Kurt. – 1930. Professeur de droit économique. Secrétaire général de la CDU de 1973 à 1977. Ministre-président du Land de Saxe depuis 1990.

BRANDT Willy. – 1913. Exil en Norvège après l'arrivée au pouvoir des nazis. Membre du SPD qu'il représente au Bundestag. Bourgmestre de Berlin-Ouest de 1957 à 1966. Ministre des Affaires étrangères de la grande coalition SPD-CDU, avec le chancelier Kiesinger. Chancelier de 1969 à 1974. Président puis président d'honneur du SPD. Président de l'Internationale socialiste. Prix Nobel de la paix en 1971.

ERHARD Ludwig. – 1897-1977. Économiste. Ministre d'État chargé de l'Économie, en Bavière en 1945. Chef du groupe de travail sur la réforme monétaire. Ministre fédéral de l'Économie de 1949 à 1963. Chancelier de 1963 à 1966.

GENSCHER Hans Dietrich. – 1927. Juriste à Halle (RDA). En 1952, avocat à Brême qu'il a gagné en passant par Berlin. 1969, ministre de l'intérieur. 1974, ministre des Affaires étrangères et président du parti libéral. En 1982, il rompt la coalition avec le SPD d'Helmut Schmidt pour former un gouvernement avec Helmut Kohl. Reste vice-chancelier. Dirige la diplomatie allemande depuis dix-huit ans.

HONECKER Erich. – 1912. A quatorze ans, membre des Jeunesses communistes dans sa Sarre natale. 1929, membre du PC. Arrêté en 1935 par la Gestapo. Libéré en 1945 par les troupes soviétiques. Chef des Jeunesses communistes en RDA. 1958, responsable des services de sécurité. A ce titre il supervise la construction du mur de Berlin en 1961. 1971, premier secrétaire du SED puis président de la RDA à la place de Walter Ulbricht. Limogé le 18 octobre 1989, il se réfugie quelques mois plus tard à Moscou.

KOHL Helmut. – 1930. Historien. 1969, ministre-président de Rhénanie-Palatinat. 1973, président de la CDU. 1976, candidat malheureux à la chancellerie contre Helmut Schmidt. Devient chancelier en 1982 après que les libéraux eurent changé de partenaires.

KRENZ Egon. – 1937. École du PC à Moscou de 1964 à 1967. 1974, chef des Jeunesses communistes. Premier secrétaire du SED du 18 octobre au 3 décembre 1989.

SCHÄUBLE Wolfgang. – 1942. Avocat. Secrétaire général du groupe parlementaire CDU. 1984, ministre et chef de la chancellerie fédérale. 1989, ministre de l'Intérieur. Victime d'un attentat commis par un déséquilibré le 12 octobre 1990, il ne se déplace plus qu'en fauteuil roulant. Négociateur du traité d'unification entre les deux États allemands. Chef du groupe parlementaire CDU-CSU au Bundestag depuis 1991.

STOLPE Manfred. – 1936. Juriste. Président du Consistoire de l'Église évangélique de Berlin-Brandebourg en RDA.
Ministre-président (social-démocrate) du Land de Brandebourg en 1990.

STRAUSS Franz-Josef. – 1915-1988. Chef du parti chrétien-social bavarois. 1953, ministre sans portefeuille puis ministre de la Défense jusqu'en 1962 où il est contraint de démissionner après avoir fait emprisonner plusieurs journalistes du *Spiegel* pour « haute trahison ». Ministre des Finances du gouvernement de grande coalition avec les sociaux-démocrates. Candidat malheureux à la chancellerie en 1980, il se retire sur ses terres de Bavière dont il reste ministre-président jusqu'à sa mort.

ULBRICHT Walter. – 1893-1973. 1919, membre fondateur du Parti communiste allemand. Après 1933, réfugié en France puis en URSS. 1946, retour à Berlin pour la fusion forcée des partis communiste et social-démocrate. 1950, premier secrétaire du SED et chef de l'État en 1960.

WEIZSÄCKER Richard (von). – 1920. Juriste. Président du Kirchentag, le grand rassemblement des protestants allemands en 1964. Membre de la CDU depuis 1950. 1981, bourgmestre de Berlin-Ouest. Président de la République fédérale depuis 1984 ; réélu en 1989.

TABLE

Introduction.................................. 9

1. L'Allemagne rattrapée par son passé.... 23
2. Les avatars de l'unité.................... 41
3. Une unité inattendue.................... 55
4. Au début était l'économie............... 67
5. La troisième voie est barrée............ 79
6. Unité terminée, unité interminable...... 91
7. Une nouvelle politique.................. 109
8. L'adieu au centre....................... 133
9. Berlin, le lieu de toutes les contradictions 149
10. Idéalisme chez les petits-bourgeois...... 161
11. Fin ou naissance d'une nation?......... 175
12. La France à contrepied................. 187

Conclusion.................................. 207

Chronologie................................. 215
Notices biographiques 219
Carte.. 221

Cet ouvrage a été et réalisé par la
SOCIÉTÉ NOUVELLE FIRMIN-DIDOT
Mesnil-sur-l'Estrée
pour le compte des Éditions Flammarion
en mars 1992

Imprimé en France
Dépôt légal : mars 1992
N° d'édition : 13664 – N° d'impression : 20002